JN044837

魚食革命

津本式と熟成

【目利き／熟成法／レシピ】

目次

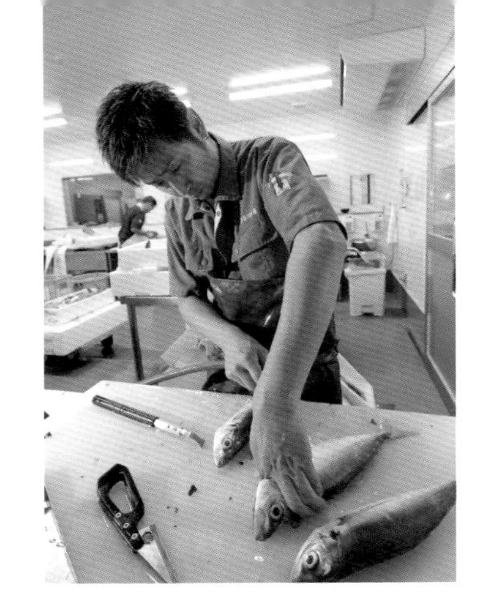

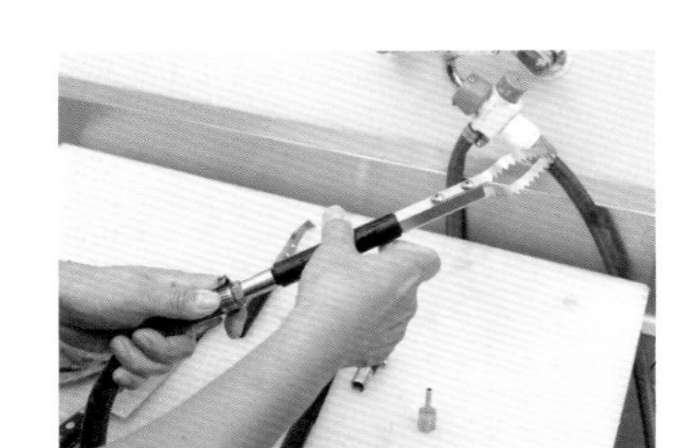

本書について

本書は、2020年1月に発売された当社発刊の『魚食革命・津本式・究極の血抜き【完全版】』で触れた、津本式で仕立てた魚の熟成術に主眼を置き、編集されました。

津本式により、比較的ローコストで簡単に、長期の鮮魚保存が可能なりました。これにより、魚の腐敗を抑え、今までは一部の料理人だけが行ってきた熟成魚の調理が、より身近になったと言えます。津本式は熟成させなくとも魚の仕立て方法として有用でしたが、その保存力は、とくに熟成との相性が良いことで知られています。

そこで、本書ではその熟成法の基礎をしっかりと抑え、安全で美味しい熟成魚を実現するための手引きとなるよう解説していきます。

まずは、津本式そのものについて。今回は第一弾書籍のように、その一連の処理法や、技術の意味については深く語っておりません。しかし、より効率よく作業をし、津本光弘さんが独自に行っている技術公認試験に合格できるレベルの細かな所作に注目して紹介しております。

また、「血合い取りリムーバー」という新しい仕立て道具を使った、血抜きの解説も行っています。公認試験合格を目指すような読者の皆さんにとっては、こちらの理解も深める必要があることから、現時点での使用法を紹介しています。

2つめは津本光弘さんによる、良い魚を得るための「目利き」の方法について。

新しい状態で食べるにせよ、熟成させるにせよ、それに適した"良い魚"をまずは見つけることが大前提となります。

「10のポテンシャルがある魚が、残念ながら5のポテンシャル、もしかして3のポテンシャルに下がっていることも大いにあり得ます。保存が効き、そして美味しい熟成にたどり着くためには、目利きが重要です（津本）」

3つめは、プロの料理人による、熟成術の基本を解説しています。メインで解説してくださるのは、ヨーロッパの権威あるグルメガイド（東京版）で星を取得したこともある熟成鮨の専門店「熟成鮨 万（よろず）」で、津本式を用いた熟成魚を提供する白山洸さん。氏は秘伝とも言えるこの技術の基礎を惜しみなく提供してくださいました。

「今回、解説したのは技術の基本、悪く言えば上面の部分ではありますが、出し惜しみをしたつもりはありません。理解さえすれば応用の効く大事な基礎技術です。それに、お店に来ていただければ、さらに詳しく惜しみなく技術をお伝えすることができます。常に勉強して進化しているので、そこはご理解くだされればと思います（白山）」

また、白山さんと共に、津本式と熟成魚について学術的な観点から研究を進めてこられた東京海洋大学高橋希元助教により、熟成魚についてのアカデミックな解説もなされております。

魚の熟成とはどういうことなのか。科学的な側面からの知見は、多いに役に立つことでしょう。熟成と相性の良い津本式についても、過去の研究内容からお答えいただきました。

最後に、津本式による熟成魚を使ったレシピをご紹介させていただきました。こちらにご協力いただいたのは、熟成の基礎を語っていただいた「熟成鮨 万（よろず）」の白山洸さん、そして東京初台にある人気イタリアン「D'ORO」の最上翔さんです。

津本式の登場、またそれを用いた熟成術によって新しい可能性を開いた熟成魚。その取り扱いは、未だ進化中であり、完成された技術ではありません。その一端を一流の料理人の皆様の協力により、本書では紹介しております。

また、書籍の編纂にあたり、様々な知見を提供してくださったのが、東京西新宿「sushi barにぎりて」のヘッドシェフ、保野淳さんです。

津本式の魚を黎明期から素材として取り上げ、熟成魚の可能性を津本さんご本人と作り上げてきた、津本式と熟成魚の探求者です。

そんな錚々たる皆様の協力を経て、生み出された本書を、ぜひお役立てください。

未だ津本式、そしてそれを用いた熟成魚の可能性は始まったばかりです。読者の皆様の食への探求こそが、新しい食文化への道筋になると思います。魚食革命を掲げた津本式は、まだまだ発展していくはずです。その進化（深化）にも注目してくだされば幸いです。

津本式の手順

津本式とは、考案者である津本光弘さんが行う血抜き仕立て全体の枠組みを指す。下準備から始まり、血抜き、内臓処理、立てかけ脱水、冷水保存までの一連の仕事には、細かい作業にまで「意味」が込められています。その全ての意味を理解してこそ、省いて良い作業、応用して良い作業が見えてきます。

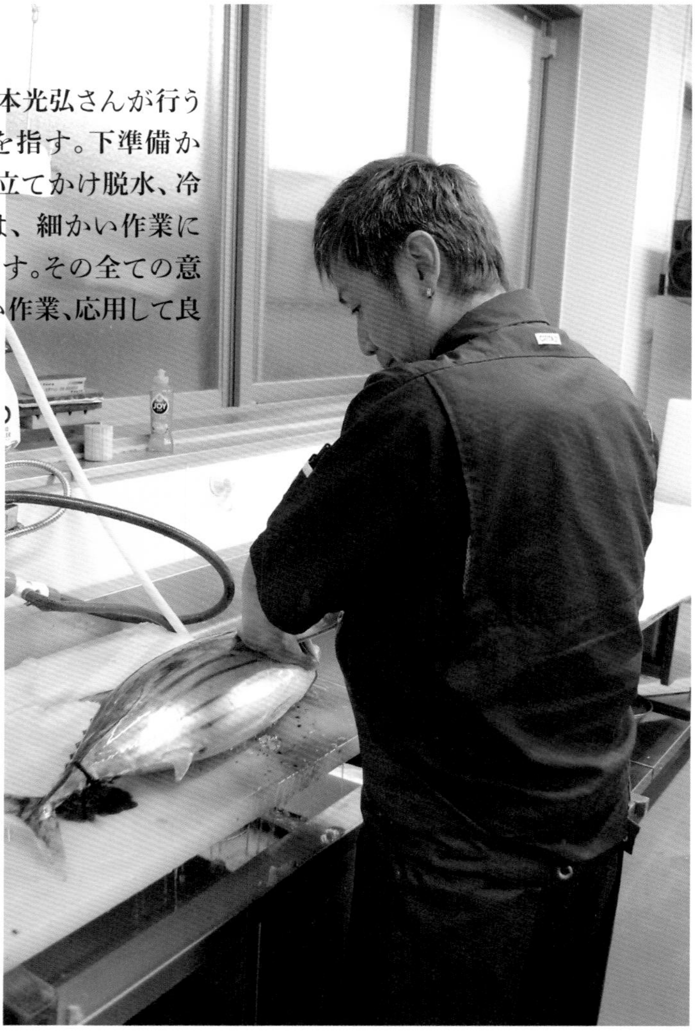

鮮魚というシビアな食材だからこそ、津本式の完全な理解は安全につながります。今回、本書では、津本さんご本人が個人で行っている津本式技師の公認制度をクリアすることを前提に、細かな所作まで含めて手順を解説しています。

それぞれの所作のより詳細な意味については、当社から発売されている「魚食革命・津本式・究極の血抜き【完全版】」をご覧いただければ理解が深まります。

2020年夏に新たに方法として加わった血合取りリムーバーによる血抜き手法についても触れていますが、前提としてホースによる「究極の血抜き」の深い理解が必要になります。

進化し続ける津本式ではありますが、「基本」を知ることは非常に重要です。この章では、その基本を解説します。

1. 下準備

サンプルはハタ科のオオモンハタですが、魚の基本構造は同じなので、どんな魚でも応用できます。まず、軽く魚のぬめりなどをとり、作業前の準備を行います。ぬめりの強い魚はタワシなどを使うのも有効です。

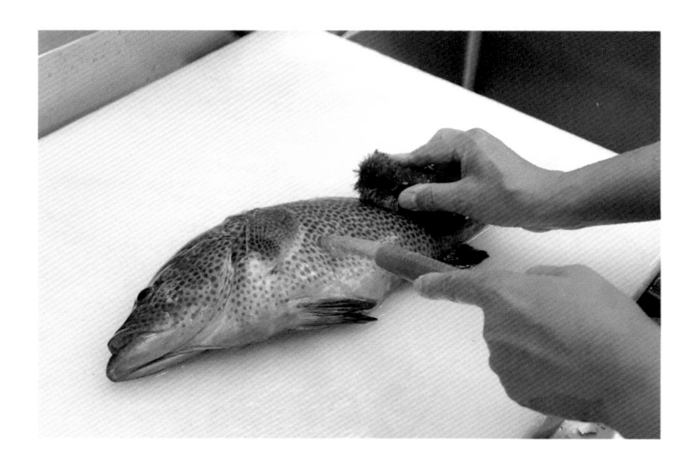

水道水をホースで流しながら、タワシなどでぬめりや汚れを洗い流します。津本さんはオゾン水などを活用し、衛生面でも雑菌類が発生しにくい環境を整えています。ウナギやアナゴなど、特にぬめりの強い魚などは金ダワシを使うこともあります。

2. 脳締め

脳締めは活魚の場合はATP（アデノシン三リン酸→旨味成分イノシン酸の元になる物質）の保持の第一歩です。また、神経締めのための準備、および神経組織排出のために行います。死魚の場合は理論的には必要のない作業です。P88、89を参照して下さい。

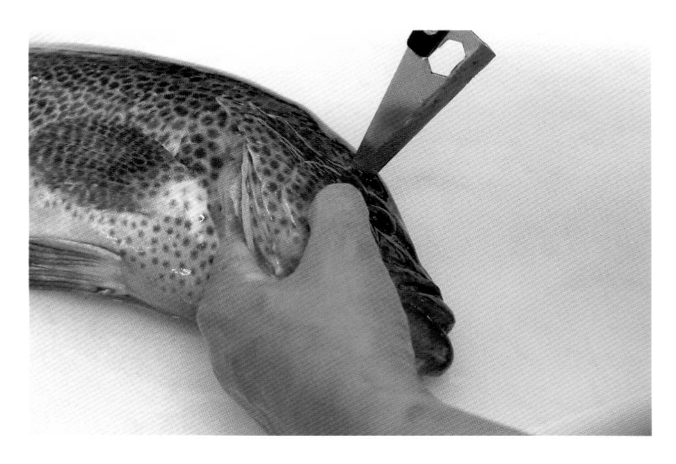

次の作業を見据えて、写真のように頭を自分側に向けて脳天をナイフやピッカーで突き刺します。脳天の位置はエラとエラの内側にある線を結ぶ交点部分を狙い、なおかつ、ナイフの場合は確実に締めるために、刃を軽く捻ることで、脳を破壊します。

POINT

大型の魚の場合、エラの中側から脳天を狙ってナイフやピッカーで締めることがあります。外側からやりにくい場合は試してみましょう。

3. エラ膜切り

血抜きを行う上での重要な工程となります。正しく覚えて活用しましょう。死んだ魚でさえ高いレベルで血抜きができる、津本式の根幹を支える部分とも言えます。エラの奥、背骨の下に配置された大動脈と血合い（腎臓）を切断することが作業の目的になります。

脳締めの流れで、魚の向きを調整しておけば、魚の向きを入れ替えることなくエラ切りに入れます。制限時間のある公認試験などを受ける場合は時短も重要ですので効率化にも目を向けましょう。

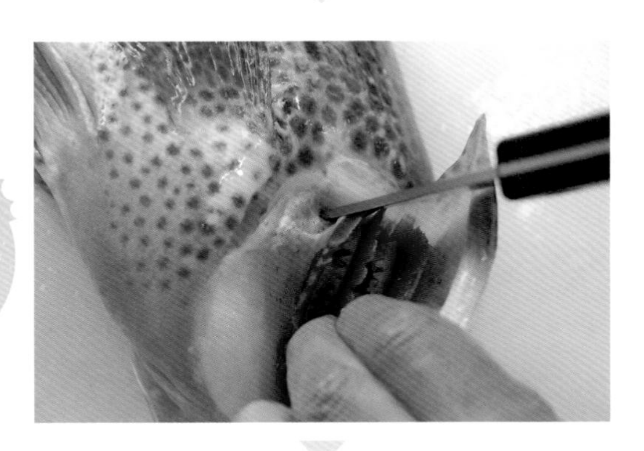

魚のエラを広げて、エラの付け根の部分にナイフを入れます（写真部分）。エラ膜切りの呼称は、エラと繋がっている部分の白い膜を裂く（穿つ）工程でもあることからそう呼ばれています。

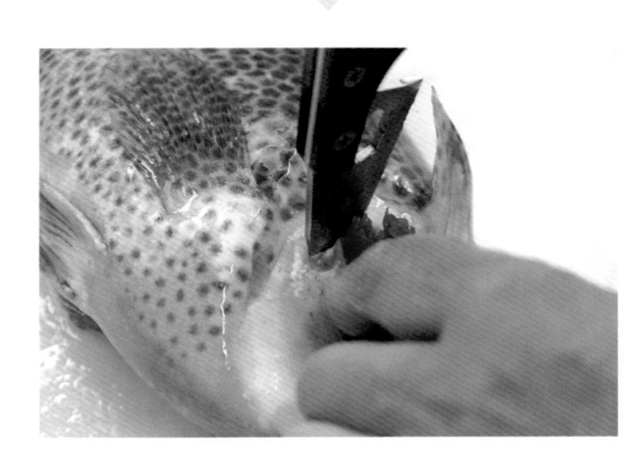

刃を背骨側に向けて、背骨の下側（腹側）に沿う大動脈と血合い（腎臓）をなで斬りします。軽く刃を当てるだけで切断され、場合によってはそのまま血があふれ出すこともあります。

写真のように白い膜にナイフの穿孔ができます。この穿孔痕に後ほど、血抜きのためのホース（もしくはリムーバー）を挿入し、血抜きを行います。

4. 尾の切断

古くから、尾を切断して血抜きをする技法は行われてきましたが、津本式では血液の排出口のひとつとして、また、ノズルなどにより水を圧入することで神経組織を排出したり、尾側の血液を抜くために利用します。

平均的な目安として背びれと尻びれを結んだあたりの位置を切断する。このとき頭を右にして作業します。(魚屋、飲食店などに納品する際の配慮のひとつ)

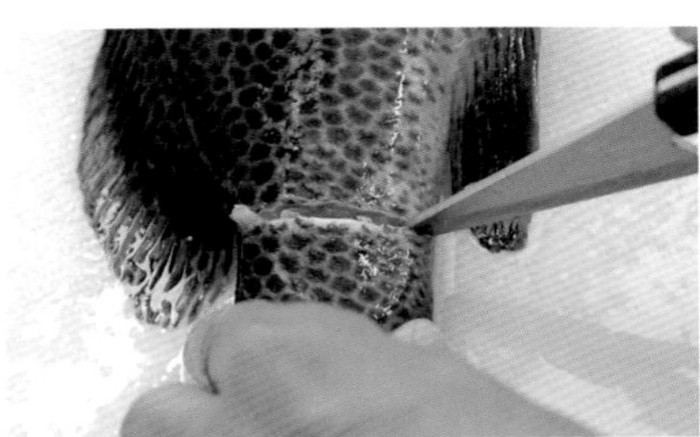

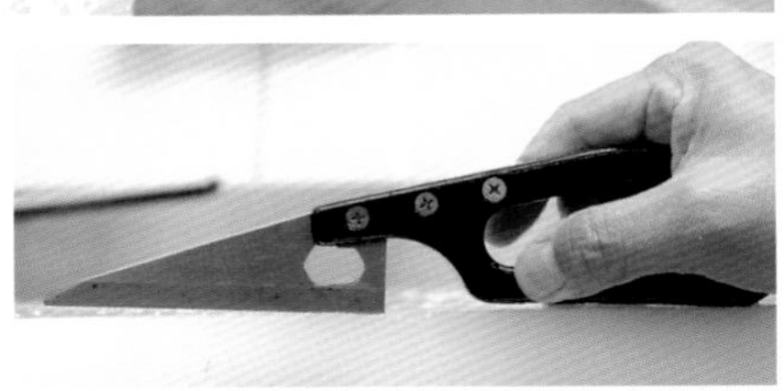

まず、包丁などで切れ目を入れます。写真のように腹側付け根までしっかりと切れ目を入れておけば切断面を美しく、なおかつ作業が後ほどやりやすくなります。津本さんが開発し販売しているアサシンナイフは設計上、薄皮1枚残して切断できるようになっているのが特徴です。

包丁やナイフのアゴの部分を背骨にあてて、そのまま叩き切ります。専用のアサシンナイフの場合、刃に角度がついており、叩き落としても皮一枚繋がる設計になっています。家庭の場合はこだわる必要はありませんが、尾が残っている方が後の作業はやりやすくなります。

写真のように尾の薄皮1枚残して処理すると、頭を左に向け、姿焼きなどにしたときも尾が残っている状態となり見た目が美しくなります。魚仕立て屋としての津本さんのこだわりのひとつと言えます。

5. 神経締め（ノズル）

背骨に沿う背側の神経穴に専用のノズルを差し込み、水を圧入することで神経組織を破壊し除去する工程です。これにより完全に生体機能を停止させます。脳締めが、旨味の元の流出を防ぐ蛇口閉めならば、神経閉めは「漏れ」ないようにしっかりと強く蛇口をひねる作業と言えます。

写真のように尾を利用して作業しやすくなることから尾を薄皮1枚で残しておくことをおすすめします。ノズルによる神経締めや後に続く、動脈にノズルを入れて血を抜く作業が格段にしやすくなります。

切断面を見やすくするためにノズルで切断面を洗浄します。手をあててガードすることでノズルの強い水圧でもしぶきが飛びにくくなります。ホースでも代用できますが、作業効率もあり津本さんはノズルで洗浄します。

右ページイラストを参照しつつ、背骨上にある神経穴にノズルを差し込みます。使用するノズルは津本さんが販売しているもので、サイズがありますので、魚に合わせてノズルを選びます。

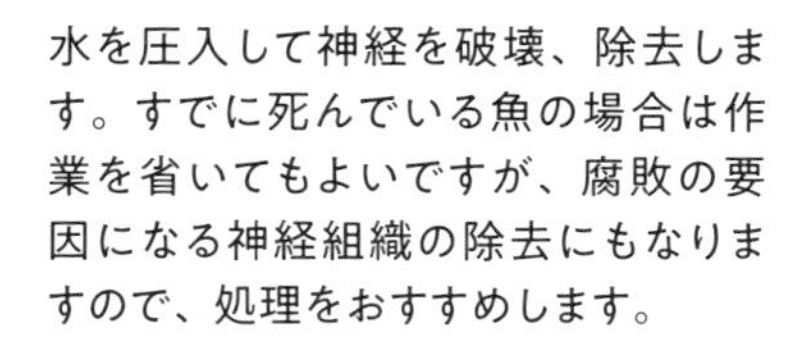

水を圧入して神経を破壊、除去します。すでに死んでいる魚の場合は作業を省いてもよいですが、腐敗の要因になる神経組織の除去にもなりますので、処理をおすすめします。

6. 動脈ノズル

ノズルで行う作業は津本式において、血抜きを120%成功させる補助的な役割を担います。神経ノズル、動脈ノズルによる血抜きは、小型魚の場合は省かれる場合も多い作業ですが、血抜きの理解を深めるためにもマスターしておきたい手順です。

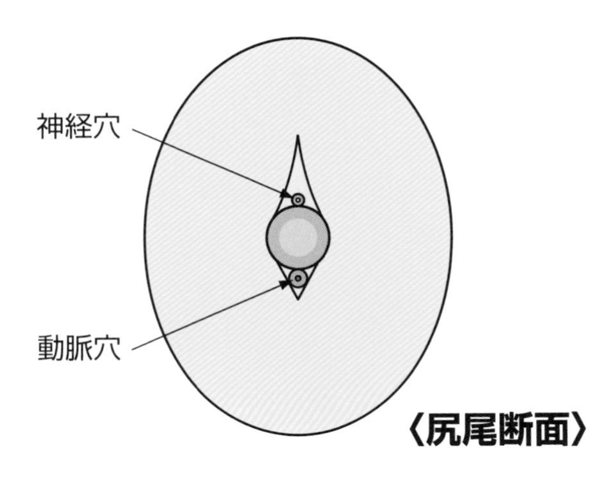

尾を切断し、断面を観察すると中心に背骨。そしてその上に神経組織が通る穴（頭蓋に繋がっている）、下側が大動脈などの血管となっている。

動脈のノズルは中・大型魚で後に行うホース血抜きで抜けにくい尾側の血管から血を抜くのに適した作業です。穴のサイズにあわせて専用のノズルサイズを選び、軽く穴にノズルを添えるように当ててから水を圧入します。身が水の注入により張ったり、エラから血が漏れ始めたらOKです。

7. 究極の血抜き（ホース）

究極に簡単、ホース1本で出来る血抜きとして津本さんが名付けた技法。作業3でエラに開けた穴にホースをあて、水を圧入することで血管全体に水を巡らせて圧迫し、灌流（かんりゅう）、脱血する津本式の根幹作業のひとつです。

エラ蓋を開けて、3で開けたナイフ穿孔痕を指などで確認します。そこがホースをあてる部分になります。後ほど紹介する津本さんの新技法「血抜きリムーバー」ノズルを使った血抜きの場合もこの穿孔痕を利用します。

ホースを穿孔痕にあて、水を圧入します。切断した大動脈と血合い（腎臓）にその水が灌流していくことが目的です。そのポイントをホース角度を変えて探しましょう。魚全体に水がまわり、身が張り出したら作業の完了です。切断した尾から血が出ればさらによいですが、大切なのは水圧による圧迫です。

津本式を支える道具

まず、家庭料理の範囲で津本式を試したい人ならば、ホース1本あれば処理は可能。ただ1週間を超える保存を意識するのであれば、津本式ノズル（ノヅル）、もしくは最新の血合い取りリムーバーを用意したい。ノズルは1.5φ、2.0φがあれば、ほぼ網羅できる。ノズルを接続するウォーターシューターには1.8φのノズルが同梱する（同梱なしもあり）が、こちらも用意したいところ。アサシンナイフやTiny血合いウロコ取りなどはプロの料理人、仕立て屋なら必須だろう。保存用の袋や、ミートペーパーなども別途用意しておけば、長期の保存にトライできるだろう。基本的に津本式.comで全て手に入れることができる。

ホース

ホースは基本的に内径14㎜の耐圧ホースが好ましい。これ1本でほぼ100%の血抜きが可能になる。

ノズル類

プロの仕事を目指すならばノズルは必須。より精度の高い血抜きが可能になる。ウォーターシューターは専用に設計されたもので、錆びにくい。

ノズルはSUS303という錆びにくい素材で作られている。1.1、1.5、1.8、2.0、3.0φの5サイズ展開（1.8φはウォーターシューター同梱）。

アサシンナイフ

津本式処理を効率よく行うために徹底的に設計された専用ナイフ。使い勝手を知ると手放せなくなるが、包丁でも代用は可能なので、必須というわけではない。

血合い取りリムーバー

P24から詳しく解説している本書編集時点では最新のツール。血合いの徹底的な掃除を行うために開発されたが、ノズル血抜きにとって代わる開腹部からの圧迫血抜きなど、可能性を秘めたツールとなっている。魚仕立て屋としての作業効率を極めたプロ用ツール。

Tiny 血合いウロコ取り

開腹処理のあと、内臓や血合いなどを素早く掻き出し、処理することが可能になるツール。プロならばぜひ持っておきたい一品。これより一回り大きなサイズも販売されているが、通常の場合はこれ1本で事足りる。

8. エラの除去

エラとつながっている薄い膜を、エラの根元（究極の血抜きのための穿孔痕）から包丁やナイフでエラの外郭に沿って切っていきます。力はいらず、簡単に切除できるはずです。

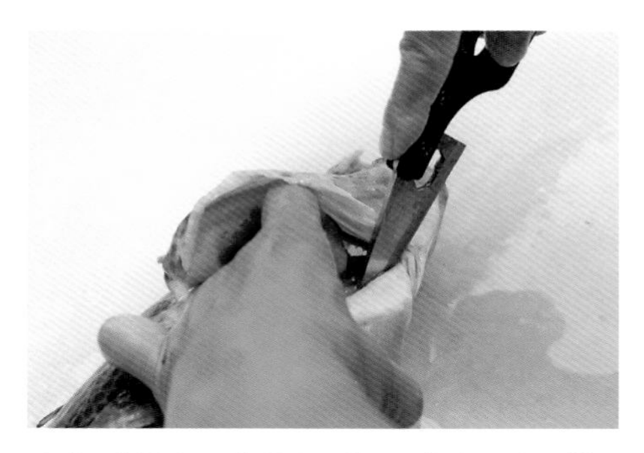

ナイフを写真の位置まで持って行き、顎の付け根の部分、エラと顎下を接続している筋を切断します。

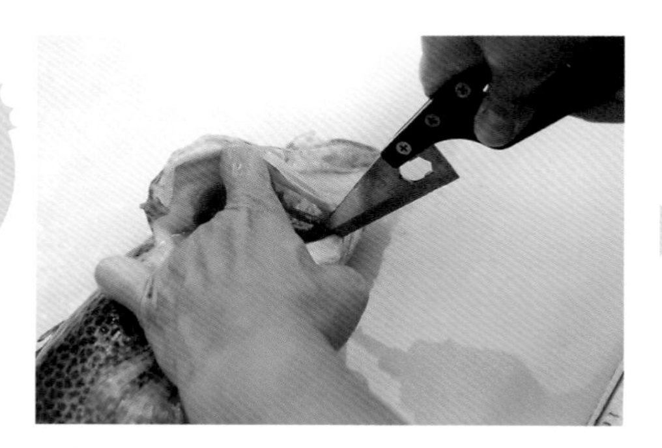

写真のように人差し指でエラを奥に押し上げてエラと顎下を接続している筋をしっかり露出させ、刃を直角に返して切断します。この部分はやや硬いのでしっかりと力をいれましょう。

エラと顎下を切断したら、そのままエラの根元まで先ほどのエラ膜を撫でるように切断し、エラの頭側の付け根まで刃を回していきます。

この部分にもエラと接続している筋があるので、そのまま刃を90度に返すことで切断します。これにより残す接続部は、顎の部分の筋と頭側、エラ中央の筋のみになります。

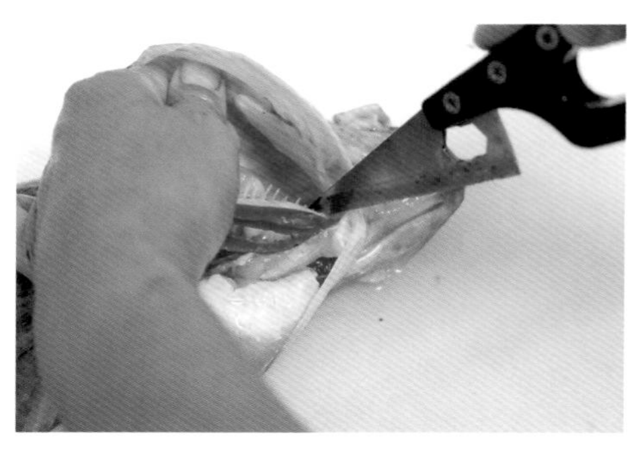

顎の筋を写真のようにエラを開いた状態で刃をあてて切断します。筋は硬いですが、しっかりと手でエラを開きテンションを与えていれば、簡単に切断できます。

究極の血抜き作業が終わったら、エラや内臓を取り出していきます。公認試験ではこのエラの取り外しの効率が合否に関わることから（時間的な制約をクリアするために）、細かく、その方法について解説しています。

紹介している方法は作業効率を極限まで追い求めた津本さんの手法でもあるので、仕事で津本式に取り組む方は、確実な時短につながります。ひとつひとつの所作に、時短・効率化のヒントが隠されていますので、しっかりの理解して実践しましょう。作業は津本さんの開発したアサシンナイフを使用していますが、通常の包丁でも作業は可能です。

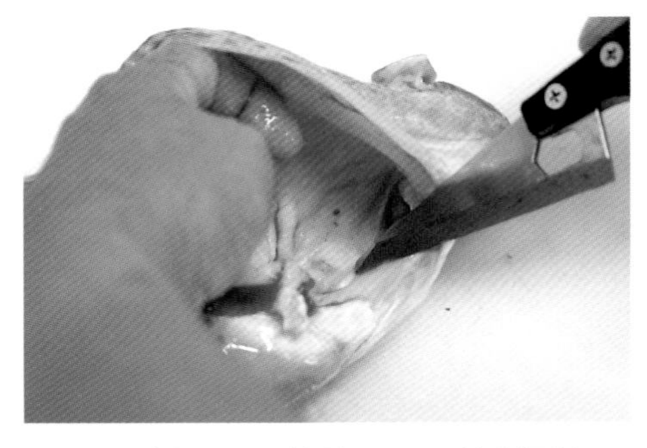

今度は頭側とエラを接続している筋を切断します。コツはエラが収まっている頭側に刃を写真のように沿わせ、筋を平行にそぐイメージで刃を入れます。筋に対して刃は直角！

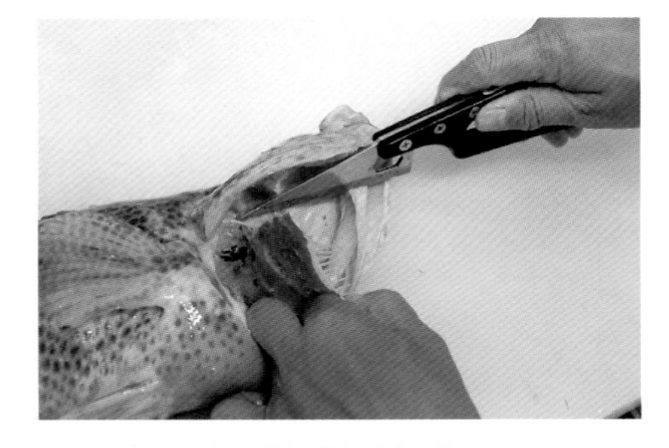

こちらもエラを下側に引っ張るようにテンションをかけていれば、刃を入れることで簡単に切除できます。もっとも切断しにくい部分ですが、刃の角度とテンション次第でクリアできます。

あとは柔らかい内臓部とエラ切り離すために、写真のようにエラと魚を持ち、魚の自重を利用して刃を入れればエラの切除は完了です。

9. 心臓突きから開腹まで

エラを切断した流れで、内臓を除去していきます。究極の血抜きを適切に行えば、内臓まわりの毛細血管の血がしっかりと抜けることから、食材として利用しやすくなります。利用する場合は開腹時などに内臓を傷つけないようにていねいに処理することを心掛けましょう。この章では内臓を取り出す下準備を解説します。

エラを取り外したら、包丁やナイフの刃を逆刃に持ちかえます。

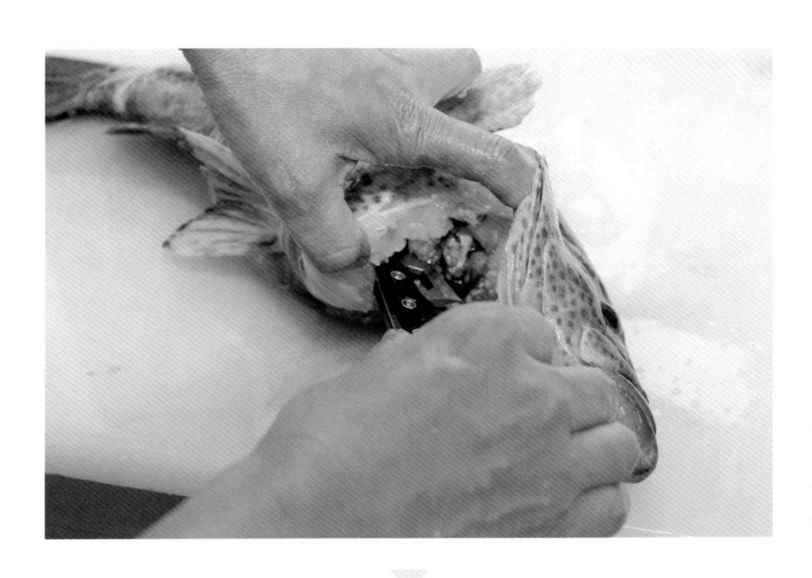

そのまま心臓（内臓）めがけてナイフをひと突きして膜を破ります。

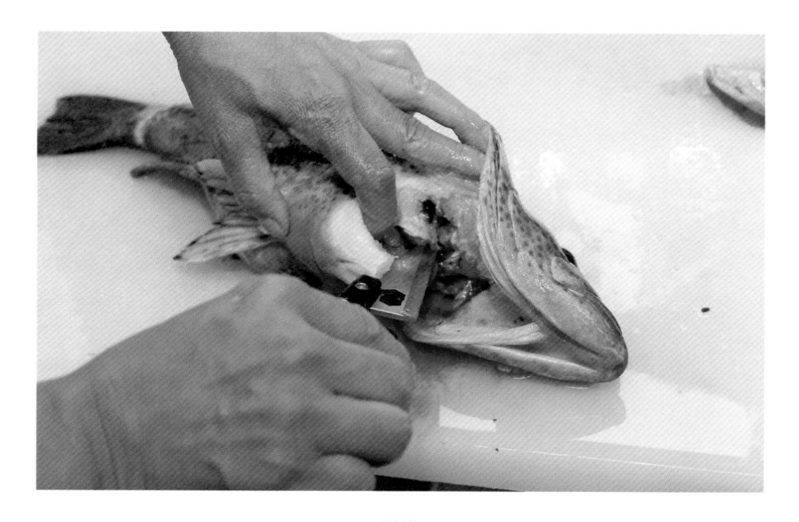

そこから刃を背骨の下にある血合い膜を（腎臓）を裂くように刃を入れます。この作業は後ほど行う、血合いなどの除去をより速く、ていねいに行うひとてまになります。忘れずに処理しておきましょう。

次は内臓を取り出すために、肛門から腹ビレの下まで刃を入れてお腹を割きます。魚種によっては顎下まで切断することがありますが、切断面は保存時に腐敗しやすいという大原則を頭に入れ、切断面を少なくすることが大切です。

魚には動脈と静脈があるのではないですか？
「血合いと大動脈を切る」は正しいのですか？

P27でも解説しておりますが、確かに魚には動脈と静脈が存在しています。ですが、本書ではそれについては多くは触れていません。従来の究極の血抜きで活用する主な血管が動脈であると考えられているからです。

生態学的なエビデンスはありませんが、ある津本式を実践している方の見解では、「静脈の血管は動脈に比べて柔らかいことが確認できます、もしかして水が入って行きにくいのではないか」との分析をされていました。

まだまだ、研究の余地がある津本式。多くの実践者や津本さんにより、新たな理解が深まっていくはずです。

10. エラ膜外しから内臓の取り出し

下準備が適切であれば、血合いを含む内臓は時間を掛けずに、綺麗に除去できます。ホースの水流をうまく使いながら魚を処理しましょう。鮮魚を扱う常識では、あまり魚を水にあてないほうが良いと言われることがありましたが、津本さんはしっかりと流水を利用し適切に内臓を取り出して行きます。水で「旨味が洗い流される」「身が水っぽくなる」という現象は基本的にありません。その後の適切な処理をすれば、心配することはないでしょう。

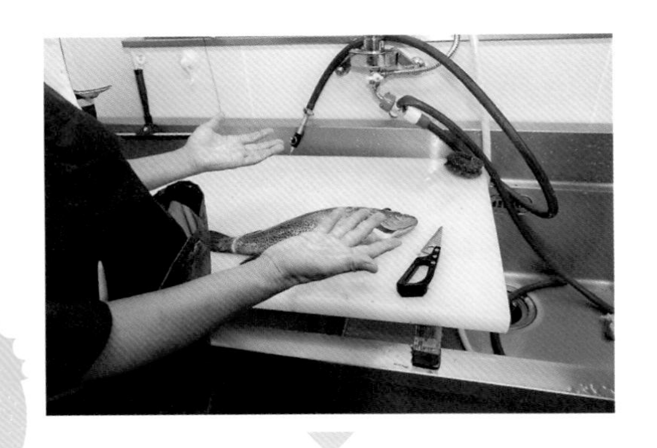

究極の血抜きの後、エラの除去時に手にした包丁やナイフですが、ここで初めて手から離れるのが津本式の効率的ルーティンです。

ホースを片手に持ちつつ、内臓とエラの壁になっているエラ膜を指で削ぎ取ります。お腹の内壁を指でなぞってくるりと回していくとよいでしょう。膜が完全に破れて内臓が切り離されます。

その後のホースの持ち方に注目してください。エラを手の指で押し上げ、左手でエラ側から内臓にホースを突っ込み、流水します。まず、肛門の部分と繋がっている腸の筋を指で引きちぎります。硬さはありませんので、軽く指でひっぱるだけで外れます。

ホースの流水を利用しつつ、内臓を掻き出します。腸を引きちぎったこと、エラ膜を破ったことで内臓が引き出しやすくなっているはずです。流水の力だけでも開腹部から内臓が出てくるはずです。手である程度取り出してしまいましょう。

内臓をある程度取り出したら、背骨に沿う血合い膜を刃で裂いておきます。ただし、後述する最新の血抜き器具（血合いリムーバー）を使用する場合や内臓を取り出した後に血抜きをする場合には、この膜を破らないようにしましょう。

うまく取り出せない場合、内臓が残った場合は、器具で内臓を取り出しましょう。津本さんは専用の器具（Tiny血合いウロコ取り）を使用しています。割り箸や竹串などを束ねたもので代用は可能ですですが、作業効率は専用器具を使った方が圧倒的に良くなります。

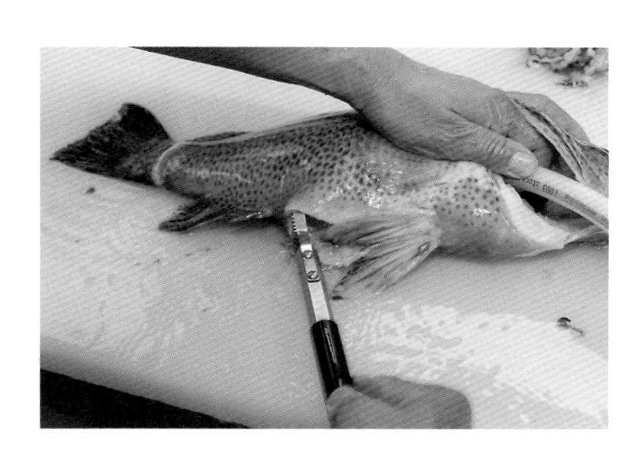

特に肛門、腸を引きちぎった部分は念入りに掻き出しましょう。アニサキスなどの寄生虫は主にこの肛門付近から身に移動することが知られています。この段階でも左手はホースを固定し、流水を送り続けている点に注目です。

11. 血合い掃除

究極の血抜きで脱血すると、血合い（腎臓）の血も抜けているので処理時に多少、身に血合いが残っていても問題ありません。ですが、商用利用する場合などのクレームに備えて、血合いをスピーディーに、なおかつ完全に除去する目的で開発されたのが、津本さん考案の「血合いリムーバー」です。今回はその洗浄方法についても解説します。

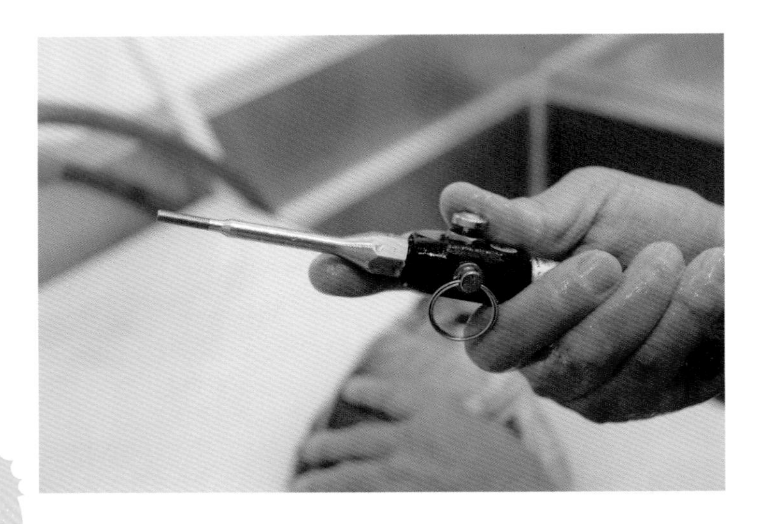

裂いた腹部の奥、背骨の下の血合い肉などを完全に除去するためにノズル部が長くなっています。また先端に十字のスリットが入ることで、4方向に水が勢いよく抜ける仕組みになっており、その水圧を利用して全方位に洗浄することが可能になっています。

刃で裂いた血合い膜の奥に残る血合いを血合いリムーバーで洗浄していきます。今回は効率性を重視してこの専用具で洗浄していますが、時間が掛けられる場合は、竹串やヘラなどでしっかり取り除くと良いでしょう。

エラを切除した部分も血合いなどが残りやすい部分です。こちらもリムーバーでていねいに洗うことで除去できます。保存、寝かせには大きな問題ではありませんが、商用利用する場合は徹底した洗浄が求められることがあります。

12. 立て掛け、密封、寝かせ

究極の血抜き、ノズル血抜きは水道水の灌流のみで血抜きが達成されるわけではなく、圧入された水が身の締まり、そしてここで紹介する立て掛けにより血や水がドリップされます。その後、ビニール袋による密封、冷水による保存・寝かせになりますが、それぞれに行う理由が明確にあります（密封と冷水保存についてはP61を参照）。

血合い処理まで行った魚を、発泡スチロールなどのトレーに入れて頭を下に向けて15~30分立て掛けます。立て掛ける場所の気温は低温であることが望ましいです。また、魚をなるべく曲げないこと。身が割れやすくなります。これにより、圧入された水、血などを脱水、脱血します。

立て掛けた魚をペーパーで包み（P61参照）、厚手のビニール袋に入れて冷蔵庫の冷水プールなどに寝かせます。津本さんの勤める長谷川水産では、2℃前後の冷水を維持して寝かせます。これにより5日程度は未処理のまま保存することができます。

使用する袋、ペーパーの話。冷蔵庫などにプールを設置できない場合について。

津本さんは魚仕立てを生業にしていることから、ミートペーパーの他に「保護紙」としてグリーンの「耐水紙」を用い、二重に魚をくるみ、ビニール袋を脱気して冷水で保存します。ただ家庭で保存する場合、耐水紙は場合によっては利用する必要はありません。

家庭用冷蔵庫を利用して保存する方法についてはP.62~を参照してください。釣り用の高性能クーラーなどに冷水を入れて温度保持することで、処理した魚を保存することも可能です。その場合は、定期的に保冷用の氷や保冷剤が溶けていないことを確認し、溶けている場合は交換や追加を行ってください。

血合い取りリムーバーの役割と可能性

津本式の考案者の津本光弘さんは、毎朝、毎朝、魚を仕立ててお客様に魚を提供する「魚仕立て屋」だ。

ホースによる究極に簡単な「究極の血抜き」を開発して以来、その血抜きの精度を高めるために日々研究している。

津本式の代名詞となっているノズル血抜きも、その進化の過程のひとつだ。

さらに、ここにきて津本さんは「血合い取りリムーバー」と名付けた新しい器具を開発、販売をはじめた。

「2020年の新型コロナの対策もあり、全国へ津本式処理を施した魚の一般販売を始めました。今までは津本式のことを理解していただいているお客様に届けていたわけですが、今回、初めて津本式で処理した魚に触れるお客様が増えてきました。その中には、津本さんの魚ならピカピカに血が抜けてるはず！ と思う人も少なからずいるわけですよね（笑）例えば血合いが少し残っていても、血が残ってる！とガッカリされる。血合いは残っていても問題ないんですが、赤いですからね。そこで、そういった部分も完全に手早く掃除する必要性がでてきました。その流れで開発したのが血合い取りリムーバーです」

しかし、この器具が思っているより多様に使える可能性に気づいた津本さんは、以前から原理的には理解していた血抜きの方法をこのリムーバーを使ってテストしてみたところ、ホース血抜き、ノズル血抜きと同等の効果が得られることが確かめられた。それが今回、次のページ以降で解説している方法だ。

簡単に解説すると、血合い（腎臓）に、血合い取りリムーバーを直接挿入することで圧迫血抜きをしてしまう。

さらに、血合いを取りきった後の腹部のピンポイントにリムーバーを当てることで、ノズルを使わずとも各所の主だった血管に水を通し、圧迫血抜きすることができるということがわかったというのだ。

「血合い、つまり腎臓を直接圧迫できれば血抜きが可能なことは、頭を落として処理するハモやウナギの処理のときに理解していました。また、腹部のピンポイントを狙って圧迫することで、水が魚の体内に回ることも、知らなかったわけではありません。そもそも血管は魚の全身につながっていますからね（笑）

単純にリムーバーのノズルの長さが、この作業をしやすくしてくれたことから、積

血合い取りリムーバー

現在、津本式.comで販売されている。ノズル部全長8mm。定価12,500円（税別）。先端は用途の拡張性を意識したネジ切りと、十字にスリットが入っている。ノズルを押し付けるとスリットから水が吹き出て効率よく洗浄が可能になっている。

血合い（腎臓）の掃除

当初の目的は、開腹後の血合いの掃除が主眼だった

エラの残り血の除去

エラに残った汚れなども手早くリムーバーで洗浄が可能になり、仕事効率が上がる。

極的に取り入れるようになった経緯があります。

ですが研究していくと、いままで尻尾側からノズルを使って行っていた血抜き作業をスキップしても問題ないくらいの血抜き精度が見られたため、同等の効果があるなら、作業時間の短縮になるので仕立て屋としては使わない手はないですよね」

決して、今までのノズル血抜きが不要になったわけではない。また、ノズルの神経抜きは神経を抜く効果以外に、圧迫することで神経と繋がっている血管にも水を効率よく灌流させることができると語る料理人もいる。

ノズルの細さも相まって、内臓や卵巣などの血管に直接ノズルを入れることで、身以外の血を抜くことができるなど、できることは多岐にわたることから可能であれば習得しておくべき技術ではある。ノズルの手法が陳腐化するわけではないので安心してほしい。

ただ、津本式のモットーは進化を止めないこと。新しい手法が生まれるのは津本さんにとっては当たり前なのだ。だからこそ、より効率よく、精度の高い血抜きを追い求めるなら、「血合い取りリムーバー」の存在は津本式を行う人にとっては、気になるアイテムなのではないだろうか。

ホース1本でもできるのが津本式。そして、よりプロの仕事をするための器具が用意されているのも津本式の良さだ。

リムーバーを使った血抜き

血合い取りリムーバーによる血抜きは、
津本式の新手法だ。
可能性を秘めた手法ではあるが、津本さん自身、
血抜きのやりやすさでは、ホースによる
究極の血抜きがおすすめだと語っている。
メリット、デメリットを見極めて使っていきたい。

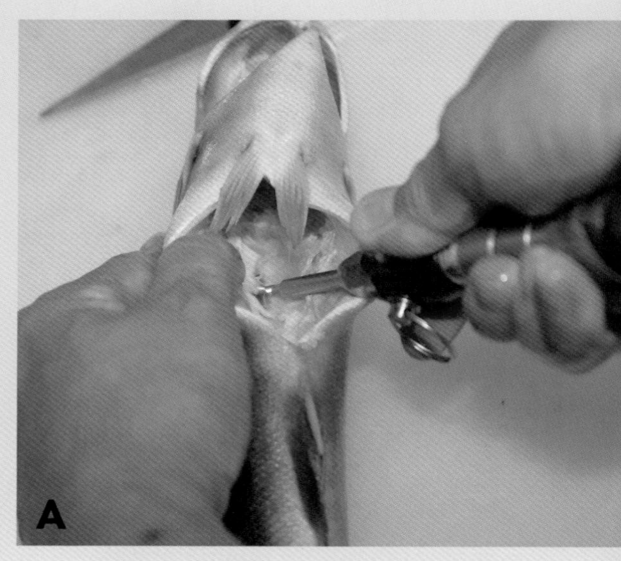

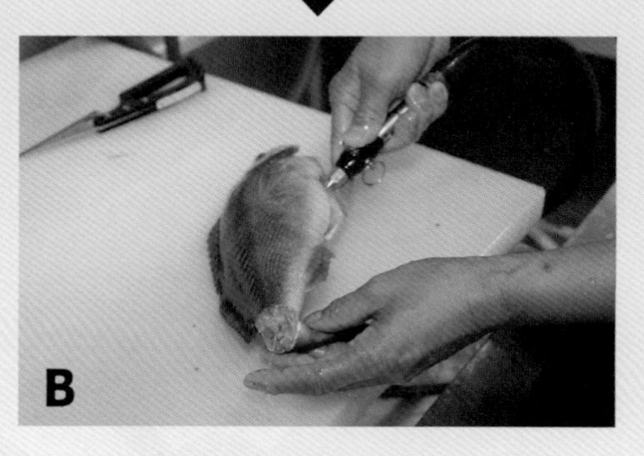

魚によって異なるが、開腹して血合いを取り除き、背骨のピンポイントにリムーバーをあてて、水圧を与えるとそこから水が廻り、切断した尾の大動脈からも水が漏れる。また、尾側に身の張りが見られることから圧迫血抜きの効果が得られる。また、これは尾側だけでなく、頭側の身を張ることも可能。

さて、では具体的にどのような理屈でリムーバーが有効なのかを解説していきたい。

津本式にはエラ膜切りという重要な手順がある。エラ蓋を開き、背骨下に通る血管と血合い（腎臓）を撫で斬りする。エラ膜の穿孔部にホースを当てて水流、水圧を加えることで血管内の血を洗い流す作業、これが究極の血抜きだ。

「少し前までは、大動脈、血管を切るとだけ解説していました。ですが、エラ膜からナイフや包丁を入れて背骨に刃を入れると、血合い部分の一部と、血管を同時に切断していると表現するほうが正確だと分かりました。この2つを切断しその切断部から水を灌流させていたということですね」

この理解が深まったことで、今までは推奨してこなかった内臓を抜いた状態でも、血抜きが可能であると津本さんは言う。

「血合い（腎臓）には血合いを覆う膜のようなものがあります。津本式の工程で血合いを取り除くときに、包丁やナイフで割く白い膜ですね。あれを割かずに、リムーバーを血合い（もしくはエラ膜の穿孔部）に差し込んで圧迫、もしくはホース血抜き（究極の血抜き）で圧迫を行っても血は抜けます。この方法だと、釣りの現場で内臓が傷みやすい魚、内臓があることによってアニサキスなどの心配がある魚なども、取り除いた上で、後ほど津本式の処理ができるので、覚えておくといいですよ。

あと、血合い（腎臓）を取り除いた後、背骨に沿うピンポイント（写真A）にリムーバーをあてて水圧を加えることで、ノズルで行っていた尾に近い側の血管の細部にも圧力がかけられることが分かりました」

構造的には血合い（腎臓）とつながって

魚正面の断面図

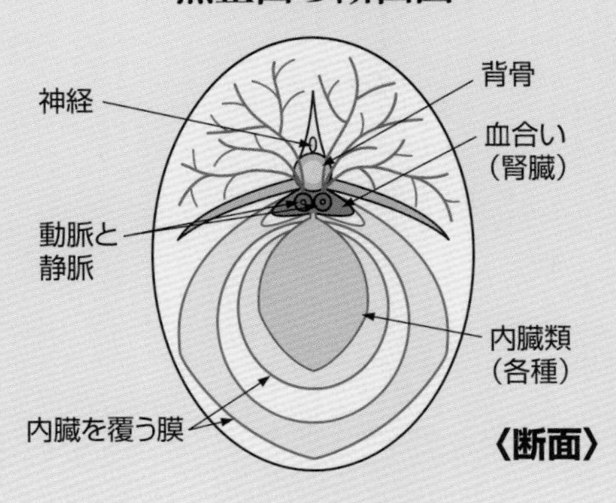

魚を頭側から切断したイメージ図。血合い（腎臓）に水が圧入されれば並走する血管はもとより、血合いに繋がる血管を伝って、全身に水が行きわたる。腎臓は膜に覆われていて、その膜さえ破らなければ一定の水圧を保ったまま水を全身の血管に灌流することができる。従来の究極の血抜きでは、切断した血合いと血管（静動脈）の両方に水を同時に圧入していたと考えられる。「ホース角度によって、尾側からの水の抜けが悪かった現象は、血管からの水の流入が少なかっただけで、血合い（腎臓）部分はしっかり圧迫され全体に水圧がかかっていたので、血抜きとしては問題なかったという理解も深まりましたね（津本）」

魚の構造図

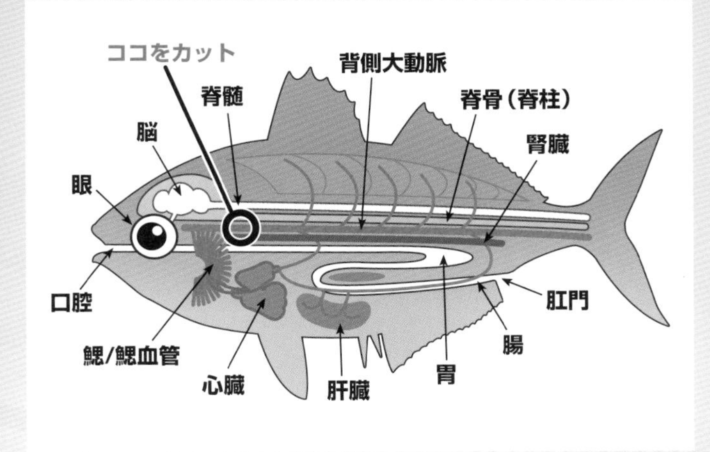

背骨下の大動脈と血合い（腎臓）をカットして、その部分に水を圧入する。これが最新の見解。以前は血管のみのカットという表現を用いていたが、実際は腎臓と血管を両方カットしていたということになる。その部分に腎臓や内臓などを覆う膜があり水圧を保つので、内臓を仮に取り除いても、腎臓を覆う膜が破れていなければ水圧をかけられる（ただし、内臓やエラがあることでしか通らない部位が存在することも考えられる）。※背骨下には動脈と静脈が並走していると考えられますが、主に水が入り灌流しているのは動脈である可能性が高く、静脈の表記を省いています。

各部に血を送っていた部分（プラスそれ以外）に水圧を与え、灌流ができるということだ。

　津本式を共に研究する保野淳さんもそれについて補足する。

「魚の背骨を腹側から見ると分かりますが、穴がいくつも空いているんですよ。そこには血流があると考えられます。簡単に言えば、これらの血管につながる腎臓にリムーバーをあてることで、圧迫血抜きと同等の効果が期待できると考えられます」

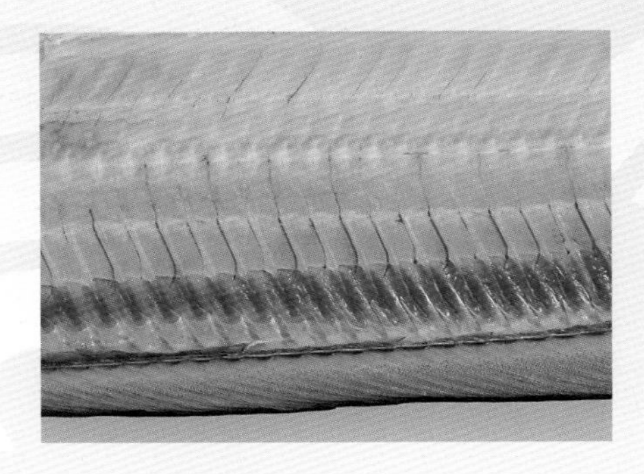

骨に沿う血管の血の抜け具合に注目。交互に血が抜けている血管と抜けていない血管があることが分かるだろうか。毛細血管レベルに残る血なので、保存や熟成に大きな影響があるわけではないが、究極の血抜きと、ノズル血抜きでは時間を掛けないと抜けきれていなかった血液が、リムーバーの使用により短時間で処理できるという実践者からの報告もある。

熟成魚を育てる 目利き

人間にも個性があるように、魚にも個性、個体差があります。
痩せている魚、太っている魚、筋肉質の魚、イケメンの魚。
同じ群れでさえ差が出ることも珍しくありません。
ここでは長年、市場に並ぶ魚を見て、「良い魚、美味しい魚、美味しくなる魚」を見分けてきた、津本光弘さんの知見から、そういった魚を選ぶ方法を伝授していただきました。

[教えてくれる人] 津本光弘

津本式が他の血抜きに比べて優れている大きな点は、死魚状態でも血抜き処理が行えるということです。ただ、当然ながら鮮度が高ければ高いほど、その血抜き精度は上がりますので、鮮度の良い魚を選んで処理することが大事です。ですが、それだけでなく魚が処理によって美味しくなる「可能性を秘めた個体」を津本さんは選んでいます。

魚の持つ生命活動のためのエネルギー源「アデノシン三リン酸」通称ATPを豊富に蓄えた魚は、熟成状態を経て美味しい魚と変貌する特長を持ちます。この多くATPを蓄えた魚を見つけ出すのに、目を見て、エラを見て、色を見て、形をみて津本さんは良い魚を選ぼうとしています。

「ただ、正解はないよね。良いと思って手に入れた魚が、捌いてみるとそうでもなかった、なんてことはよくあること。でも、知識があることで、そういった魚を回避する技術は上がります。釣った魚もそうです。美味しい魚かそうでないか、それが見極められたら、わざわざ食味が落ちる魚を無駄に持ち帰るようなことも避けられる。資源の保護につながると思うんですよね」

そんな、津本さんならではの目利き術を学んでいきましょう。そうすることで熟成魚の美味しさを格段に引き上げることができるはずです。

"目"を見る

ポテンシャルの高い魚を探すための第一歩。
分かりやすく、特に鮮魚状態を知るために見たいのが
「魚の目」。黒く、澄んだキレイな目の魚を選ぼう！？

目の状態を見て魚のポテンシャルを判断する方法は、津本さんだけではなく目利きの教科書によく語られてきました。目の状態から読み取れる情報は、鮮度やその魚の持つATPの量だといいます。

「よく言われることですが、まず目の色を見てください。白くなっていたり、濁っているような個体は鮮度が悪かったり、死に方が悪かった魚の可能性があります。たとえばですが、凍りかねない温度で冷やし込みされた魚は、目が白く濁る傾向があります（凍ってしまった魚は食味が落ちる）。なおかつ締められずに、そういった条件下で苦しみながら死んだことも考えられます」

では逆にどんな状態の目の魚が良いのだろうか。

「黒目の境がくっきりせず、そういった濁りのない状態のものですね」

生きたまま、並べられている魚にも注意（生簀の魚は別）。鮮度は良いが苦しい状態が続いている可能性があるので、ATPが減少している可能性が高い。

「生きている魚は、目が下目遣いになっています。魚を締めてやると黒目が真ん中に、瞳孔が広がったように見えるのでそれで分かります」

良い目

比較的状態が良い目。黒目がはっきりしているが白黒の境は曖昧で、鮮度状態が良いことが分かる。魚はオオニベ。

こちらも目の状態から、鮮度が悪くないことが伺える。その他の部分を確認し状態を見極めたい魚だ。

目に光と透明感があり、黒目も大きく輪郭がはっきりしないことから、鮮度状態は良好。魚としてもATPの豊富さを予感させる1尾。

悪い目

左の写真と同じくオオニベ。鮮度状態、魚の状態が悪い見本。目がかすみ、白黒の境がハッキリしている。

鮮度が悪い、もしくは捕獲後に適切な処理をされずに市場に持ち込まれたアジ。目が白く濁っている。

全ての基準値を超える魚と巡り会うことは稀かもしれないが、より良い魚を見つけ出すには習得しておきたい重要な技術と言える。

"エラ"を見る

エラの状態を見ることも、目利きをして魚を得る人に、必須の技術。端的にキレイなエラの魚を選ぶということが基本になります。

端的に「キレイなエラ」「汚いエラ」と言われても、その基準がわからないという方も多いと思います。当然、キレイなエラであるほうが、鮮度が高く、魚の状態も良いのですが、どのようにそれを見分けるのでしょうか。

後述する「形の目利き」でも触れますが、パッと魚を見たときに、エラが開いているタイプの魚は減点です。

仮にエラが閉じていた場合、可能な限り、エラ蓋を開けて中を確認しましょう。このように魚を触ると商品価値が下がることもあるので、そのような確認をする場合は店舗に必ず確認してください。

エラ蓋の中のエラの色をまず確認しましょう。

「鮮血のような赤ならOK、みずみずしいピンクならより良いでしょう。現場で血抜きをされている魚などはピンクがかった色になります。究極の血抜きを完璧にすると、鮮度が高く状態の良い魚は、ピンクを通り越してエラが白くなります(笑)。ただ、くすんだピンクや黒に近い赤、茶色。そして、ネバっとした糸を引く状態のものは注意してください(魚種によっては問題ない)。鮮度、魚の状態が悪い可能性があります」

そのほかにも、奇形、変形、場合によっては寄生虫の有無などを確認しましょう。

良いエラ

全体的に鮮やかな赤いエラは合格。状態が悪くなると、色にくすみが見られ、時間が経つと茶色、黒になる。魚種にもよるが、なるべく糸を引かない方が好ましい。

悪いエラ

ピンクっぽく見えるかもしれないが、こちらは劣化傾向のエラ。くすんで、生気のない色だ。血抜きされていて鮮度の高いエラはもっと、ピンクに透明感がある（血抜き処理されている魚はあまり市場に出回らないが）」

いつも、最上の魚があるとは限らないが、より良い魚を求めて、勉強を重ねる津本さん。目利きには絶対的な正解はないとのことだが、膨大な経験を経て、アタリにたどり着く確率は当然上がっている。

"色"を見る

目の色、エラの色。魚の色を見ること目利きにおいて
非常に重要。ここでは、体表面に注目した
目利きのための魚の色の見方を解説します。

基本的に状態が良い魚は、死魚であれ、活魚であれ色の発色は良いものです。ですが無条件に色が綺麗なら、なんでも良いというわけではないようです。では、まず、分かりやすい悪い色について教わりましょう。

「基本、魚の白い部分が赤みがかっている、腹の部分が緑、金色は注意。本来、白い部分が外から見ても赤みがかっているということは、かなり傷んでいる。エネルギー使ってしまっている個体が多い。ヒラメやカレイのお腹などが赤みがかってるのは注意。青物やスズキなんかもそういう魚には注意してほしい。皮目から鬱血してるのだと思う。打ち身? それもあるけど、それだけじゃないよね。捕獲時や捕獲後に激しく暴れたりしてパワー使いすぎた魚。こういう魚は処理しても伸びにくい。

あと魚食系(魚を餌にするタイプ)の魚に多いのだけれど、お腹が緑(がかっている)になっているのは傷んでる。魚食系の魚って胃液が強いから、放置してたりすると、その胃液の影響もあって内臓まわりから傷んでくる。その傾向は緑色になっていることで見分けられるよ。胃液が内臓だけでなく身に及んでしまうと台なし。だから早い段階で胃洗浄するわけだけど、もともとはヒラメの胃洗浄をしていて、今の血抜きの方法を見つけたんだけどね(笑)。

あとは、金色になってる魚は、鮮度が落ちてきてるね」

美味しいとされるキアジとは違う?

この中では、左二枚の魚は、赤みがかった右の魚より状態が良い。右の1枚は購入候補から外したいところ。こういったトロ箱販売の場合、いい魚、いい魚、悪い魚とワザと梱包することもあるので注意しよう。

分かりにくいかもしれないが、胃液の影響などで、腹側に緑の痣が見えるヒラメ。胃液の影響で外見から分かるぐらいに傷みが進んでいる。胃洗浄が、捕獲直後などにできると、こういった傷みも少なくなるので釣り人などは覚えておくといい。

津本さんの言う、金色が出はじめたアジ。目なども複合的に観察すると分かるが、やや鮮度が良くない状態であることが伺える。

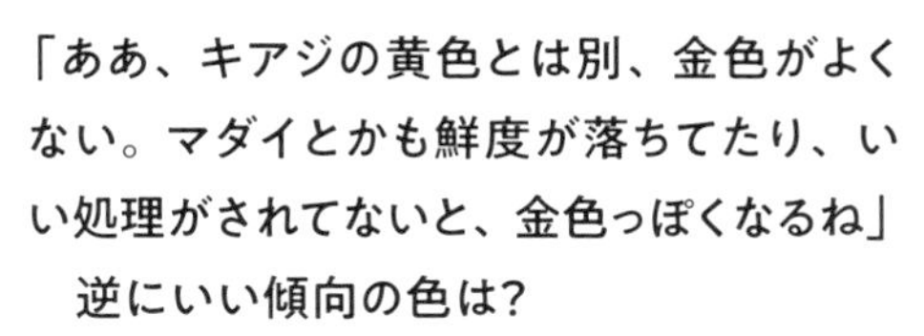

「ああ、キアジの黄色とは別、金色がよくない。マダイとかも鮮度が落ちてたり、いい処理がされてないと、金色っぽくなるね」

逆にいい傾向の色は?

「綺麗な白。くすんだり濁っているのではなくて綺麗な白。あとアジとかの場合は緑っぽい。さっき言った、白い部分がくすんだ緑は悪いって話とは真逆だけど、色の質が違うから分かると思う。いぶし銀、メタルというか光沢というか、そういった感じの色もいいかな」

市場などは白熱灯などで照らされていることから、色が判別しにくい場合もある。複合的な目利きの技術を養って、良い魚を手に入れていこう。

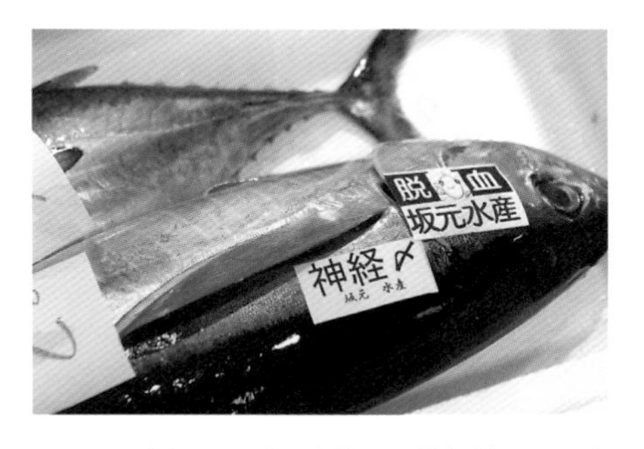

こちらは漁師さんが、脳締め、神経締めなどを行った個体。比較的体色もよく、良い方向に緑がかっている。日持ちもよく、美味しさにつながるATPが豊富に保持されている。

"形"を見る

目をみてエラを見る。
そして色をみて形を見る。
肌触り？も判断の材料になる。
複合的に組み合わせて
良い魚を探し出すのが
目利きです。

魚のポテンシャルを測るのに、魚そのものの形を見るのは非常に大事です。津本さんは、「かっこいい魚は美味しい」と言います。

「まず、頭が小さくて体高が高い。目が小さい（バランス的に）のもいいですね」

まず、餌を採る能力の高い魚は、必然的に大きくなります。ただ大きくなるだけでなく、他の魚より太るのが早いわけですから、成長の遅い骨格に対して身付きがよくなり、体高が高くなる傾向があります。顔の小ささも、そういった経緯もあり現れる身体的特徴です。

目利きとして見るべきフォルム（姿）とは別に、注意しなければならない外見の形にも解説いただきましょう。

「ヒレが万歳している魚は注意したほうがいいです。口が開きっぱなしや、エラが開いていたままの魚も気をつけてください。処理の仕方によってはそのような状態でも問題ない個体もいますが、ポテンシャルが落ちている魚が多いですね。あと、肌触りという部分ではヌメリが落ちていたり（触るとザラザラしている）、傷んでいたりする個体にも注意。ハエがたかり始めている個体はヌメリが傷んだりしている可能性があるから、そこもチェックしますね」

津本さんの言う万歳というのは、胸ビレなどが、なぜか体から離れて立っていたりする状態のことを指しています。

「状態の良い魚は、体にピタリとひっついていることが多いですね。あと、頬が痩（こ）けてる魚は状態が悪いことが多いです。丸く張りがある頬がいいですね。よくない魚は逆にへこんでいます。先ほどヌメリの取れたザラザラの肌の魚は注意といいましたが、カツオなどは、逆に鮮度が良いと尾側の、言い方が難しいですが下半身の部分がザラザラしています。その範囲が広いほどよいですね。良くないザラザラとは違うので、そこはすぐに判断がつくと思います」

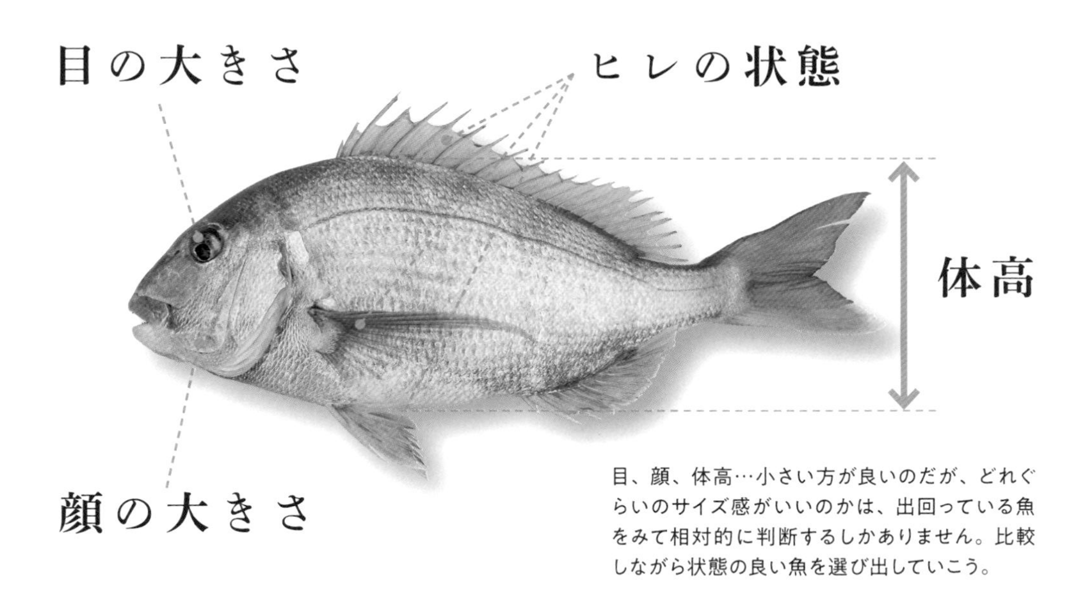

目、顔、体高…小さい方が良いのだが、どれぐらいのサイズ感がいいのかは、出回っている魚をみて相対的に判断するしかありません。比較しながら状態の良い魚を選び出していこう。

目だけを見ると鮮度は良さそうですが、やや、エラが浮き上がり、胸ビレが身から離れて立っています。こういった個体はなるべく外したいところです。

分かりにくいかもしれませんが、頬のこけ具合に注目。良い方は丸みがあり、なめらか。さらに色艶も良い。悪いほうは、頬が痩けているのが分かるでしょうか。色艶も悪く、鱗も剥がれがちです。

津本さんはアジのおでこにも注目されます。変な段差があったりへこんだりしている個体よりも、おでこが曲線、しかもなるべく球体に近いなめらかタイプは良い魚が多いと言います。

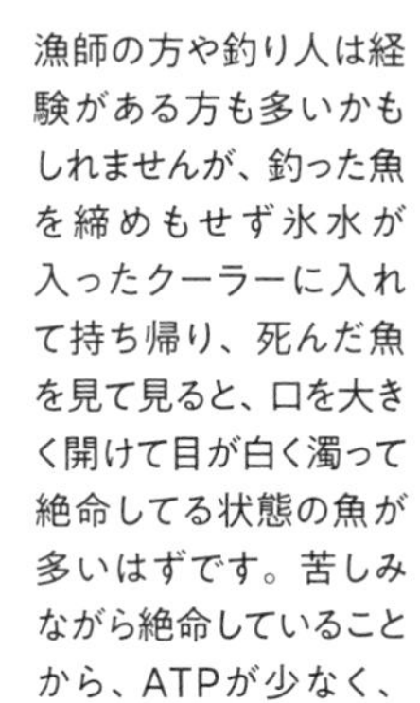

漁師の方や釣り人は経験がある方も多いかもしれませんが、釣った魚を締めもせず氷水が入ったクーラーに入れて持ち帰り、死んだ魚を見て見ると、口を大きく開けて目が白く濁って絶命してる状態の魚が多いはずです。苦しみながら絶命していることから、ATPが少なく、せっかく状態の良かった魚が台なしになっていることも。口を開けて絶命している魚は、そういった扱われ方をされた魚が多く、注意が必要です。

魚の本当の「旬」を知る

世間一般で言われている魚の旬は本当なのか。
春のマダイは旬。ハモは夏が旬。ウナギは夏??
どうやらそれは間違いだった模様。正しい魚の旬を知り、
美味しく魚を食べよう。そして資源を守ろう。

魚には旬。食べごろがあります。ただ、どうも世間一般に言われている魚の旬には間違いが多いと津本さんは言います。では、本当に美味しい魚の旬とは?

良く言われるのは、卵を持っている産卵期の魚は栄養を蓄えているので美味しいという一般常識。もちろん例外もありますが、これに関して、津本さんは否定します。

「産卵期の魚は、一定の漁場に集まりやすくて捕りやすい。つまり大量に市場に出回りやすい。実際は、もっとも美味しくない時期にもかかわらず、それがあたかも旬だと言われてしまう」

実は、魚の旬を図るのはとても簡単です。その魚の産卵期を知ることなのです。ただ、魚の産卵期は地域、水域、年の水温変化などによって同じ種類の魚であっても変化します。ですので、そのズレは考慮する必要があります。

では子持ちで、非常に栄養を蓄えていると思われている産卵期の魚が、なぜ旬ではないのでしょうか。

「逆です。産卵期の魚は卵だったり、生殖活動に体力のほとんどを奪われます。つまり、可食部となる身は、エネルギーがほとんどない状態なんです。卵を食べるならともかく、身は最も美味しくない時期なんですよ」

となると、魚の本当の意味での旬は?

「産卵活動の前。もっと言うなら、産卵により卵などに栄養が奪われる前の時期になります」

魚のライフサイクルを大きく分けると、産卵前、産卵期、産卵後、産卵後回復という4つに大別されます。

「産卵前は、産卵のためにエネルギーを蓄える期間です。ここの時期の魚は美味しい。魚も活発に餌を捕食するタイミングでもあります。卵に栄養を取られ始める前までが旬と言えますね。そして、産卵のためにその栄養が奪われる産卵期。当然、魚の身質は悪くなります。そして、産卵後。

プリスポーン（産卵前）……… 

スポーン（産卵期）……………… 

アフター（産卵後）……………… 

アフター回復（産卵後回復）‥ 

卵を産んですぐは、魚もガリガリで、食べても美味しくない。

産卵期の魚とこの産卵後の魚、どちらが美味しくないかと聞かれるのですが、どちらも大差ありません。一見、卵が入っている分、産卵期の魚の方が美味しそうに見えるかもしれませんが、ガリガリに痩せた産卵後の魚と大差ないと言えます」

つまり、これまで喜んで食べていた産卵期の魚がいかに旬から外れているかが分かるだろうか。

そして、産卵後の体力の無い状態から、回復のために餌を積極的に追い始め、コンディションが戻り始めるタイミング。ここに第二の旬が訪れます。

この基本サイクルを各魚ごとに学び、知識として蓄えれば、本当のその魚の旬を知ることができます。

では、なぜ正しい旬を知ることが水産資源の保護につながるのでしょうか。

「産卵期の魚が美味しく無いことが分かれば、次の子孫を残すために集まった魚たちを、わざわざ食べる必要がなくなるわけです。本当に美味しい時期というのがあるわけですから、その時期にありがたく食べるという習慣があれば、問題になっている資源の枯渇問題も少しは解決されるんじゃないでしょうか」

命あるものを、美味しくいただく。津本式・究極の血抜きが研究され、開発された経緯には、そんな津本さんの熱い思いがあるのです。

最後に…。この章に掲げた写真、淡水魚のヤマメは秋から晩秋が産卵期です。ちょうど、川釣りは秋の産卵期に禁漁を迎えます。各河川のルールとして釣りをしたり、捕獲することが禁じられるのです。海の魚でそういったルールが決められた種は多くありません。そういった整備、ルール作りも、未来のために必要なのかもしれません。

魚の「旬」早見表
【宮崎県基準】

春（3〜6月）

カツオ（初ガツオ）
クロマグロ
キハダマグロ
アジ
イシダイ
タチウオ
イサキ（晩春）
シロギス
メジナ（晩春）

夏（7〜9月）

カンパチ
ヒラマサ
マイワシ
アイブリ
アマダイ
フエフキダイ
ヒラスズキ
ベニアコウ
クエ
キジハタ
オオモンハタ
ニジマス

魚の本当の「旬」を知る

ここに掲載するのは津本光弘さんが住む、宮崎県の市場を基準とした一部のメジャーな魚たちの旬の目安。東西に長い日本列島では、一定でないことを念頭に置いておこう。基本は産卵期前の栄養を蓄える時期が旬にあたるが、魚の中には卵を1年中持っていたり、産卵時期が長く続いたりと、魚種によって例外がある。あくまで目安として覚えておきたい。

秋（10～11月）

カツオ（戻りガツオ）
アジ
マサバ
イシガキダイ
ウナギ（晩秋）

冬（12～2月）

ブリ
サワラ
マルスズキ
オオニベ
ハモ
ヒラメ
マダイ
メジナ

魚の熟成を知る

近年、熟成魚はブームになりつつある調理の分野です。ですが、正しい知識がなければ、食中毒の危険があることを理解する必要があります。津本式の登場により、一般家庭レベルでも取り組むことができるようになったからこそ、見よう見まねだけで取り組むのではなく、津本式はもちろん、熟成の方法それぞれにどのような意味があるかを学んでいきましょう。

熟成を科学する。　P.44

P.44

東京海洋大学の熟成魚研究グループによる、熟成魚の基本知識がまとめられています。科学的な側面から見る津本式や熟成魚のメリット、デメリットを学ぶことで、安全な運用技術を身につけるための助けになるはずです。

プロの熟成術

P.58

「熟成鮨 万」の白山洸さんによる、実際の熟成術の解説。白山さんの基本となる熟成術が語られています。本職の鮨のための熟成手法に主眼が置かれていますが、自身の調理法に合わせて応用が可能です。白山さんの熟成術のベースとなる3つの熟成法について本書では解説しています。

津本式という革新的な魚の仕立て方が生まれたことにより、冷凍に頼らず、鮮魚の長期保存が可能になりました。それにより、「魚の熟成」という調理方法がさらに飛躍しはじめたのは言うまでもありません。

津本式と熟成を混同される方も多いですが、津本式は保存の技術であって熟成術ではありません。そこで、本書では熟成魚の“熟成”とはどんな現象が起こっていることを指すのかを解き明かし、そこにたどり着くまでのプロの料理人による手法を解説しています。

熟成魚はまだ未開拓な分野ではありますが、本書では基本的に「熟成魚」をアカデミックな視点を踏まえて明確に定義しています。

魚は熟成させると旨味が増します。津本式の驚異的とも言える保存技術は、これまでの常識外の味を魚にもたらすとともに、魚の熟成の概念を大きく変えました。非常にニッチな分野にもかかわらず血抜きの手法、魚の仕立ての手法としての津本式が多くの人に注目されているのは、劇的に味が変わるきっかけを与えてくれるからでしょう。好みの差はあれど、はっきりと食材としての“方向性が変わる”からだと思います(寝かせるだけでも！)。

それを美味しくなったと表現する人が多いのも納得いただけると思います。ただ、従来の魚の味とはやや趣が異なるため、「自身の好みではない」と評する方もなかにはいらっしゃいます。そう考えると、津本式とそれに伴う熟成術の出現は、「食材としての選択肢が広がった」と表現するのが的確でしょう。

本書では津本式を施した魚の熟成術を主役に添えつつ、一流の料理人の技術提供を頂きました。その基本技術を元に安全に運用しつつ、さらなる進化を皆さんの手で成し遂げていただければと思います。

熟成を科学する。

魚の熟成について調べている研究者がいる。
東京海洋大学の高橋希元助教だ。
熟成魚研究の第一人者に、
熟成とは何か？をはじめ、
熟成にまつわる科学的な知見を聞いた。

［ 教えてくれる人 ］

東京海洋大学　高橋希元

高橋希元（たかはし・きげん）　東京海洋大学学術研究院食品生産科学部門助教。博士（海洋科学）。熟成魚刺身の美味しさや、鮮魚の長期品質保持など、水産食品の有効利用に関わる研究に携わる。2020年8月、日本水産学会誌に学術論文「長期熟成魚介類刺身の呈味成分およびテクスチャー」を発表。熟成魚研究の第一人者。

東京海洋大学　熟成魚研究チーム

中村柚咲（なかむら・ゆうさ）、南駿介（みなみ・しゅんすけ）、沖田歩樹（おきた・あゆき）　東京海洋大学大学院博士前期課程1年生。高橋助教指導のもと、日々熟成魚研究に取り組む学生の皆さん。彼らがいなければ日本の熟成魚研究は進まない！（事実です。高橋談）。

CONTENTS

- 科学的な「熟成」の定義
- 旨味成分を理解する
- 脂質、テクスチャー（肉質）、血
- 塩のはたらき
- 「酵素活性」とは
- 熟成への注意喚起

科学的な「熟成」の定義

「熟成」の科学的な定義とは？
▼
タンパク質分解が進んだ状態

+α
- テクスチャーが柔らかくなったことによる食感
- 水分が抜けることによる味の凝縮
- 脂がまわることによる効果 etc.

熟成魚は美味しいとは限らない!?

この本を読んでいる読者の皆さんは、熟成させることで魚が美味しくなると考えていることだろう。では、なぜ熟成させると美味しくなるのだろう。「熟成による美味しさ」とはいったい何なのか。どのような状態なのか。これらの疑問を科学的に研究している東京海洋大学の高橋希元助教に伺った。すると開口一番、熟成魚研究の第一人者である高橋助教の口から思いもかけぬ言葉が漏れた。

「多くの人は熟成させれば美味しくなると考えがちですが、魚の美味しさは言ってしまえば好みだと思います。新鮮なコリコリとした刺身が好きな人もいれば、数日寝かせてねっとりさせた状態を好む人もいます。ただ、科学的に熟成という状態を解明し、それが結果として多くの人の舌に合うものだとしたら、そこには大きな可能性があると思います。これまで魚は新鮮なほどよいとされてきました。だから流通の過程で鮮度が落ちてしまった魚は値段が下がったり、廃棄処分されてしまいます。ところが正しい熟成処理を施すことで多くの人が美味しいと感じる状態を作り出せるのであれば、今まで無駄にしてしまっていた魚に価値を持たせることができるのです」

それは水産業にとって革命的な前進となるはずだ。一方、「熟成が美味しくなる理由」もやはり気になる。

まずは科学的に魚の熟成とはどのような状態を指したものなのか、高橋助教に解説してもらいながら理解を深めていきたい。

科学的な「熟成」とは?

「基本的に研究者としての私たちが言う『熟成』とは、タンパク質の分解が進んだ状態を指しています。一般的には2~3日寝かせた状態も熟成と呼んでいる場合があると思いますが、私たちのチームでは、最低でも5~7日ほどは低温で寝かせてタンパク質分解が進んできた状態からを『熟成』と定義しています。低温保存していると、魚の筋肉は時間が経つにつれてタンパク質が分解され、遊離アミノ酸という成分が増えてきます。遊離アミノ酸の中には、グルタミン酸やアスパラギン酸などの旨味を生じる成分があります。熟成とはそれらが増えはじめた状態とも言えるかもしれません」と高橋助教。

旨味成分が増えるから美味しく感じる……これは理解しやすい。

「タンパク質分解はおおよそ1週間ほどしないと目立ってきませんから、保存温度にもよりますが遊離アミノ酸の旨味を引き出す熟成状態に持っていくには、少なくても5~7日ほどは寝かせる必要があります。したがって、よく皆さんが2~3日寝かせたら美味しくなるというのは、遊離アミノ酸の影響は小さいと考えられます。そこにはもうひとつの旨味成分であるイノシン酸が関わっています」

旨味成分には、大きく分けてイノシン酸と遊離アミノ酸の2種類ある。ただ、高橋助教によると、寝かせた魚を美味しいと感じる理由は、旨味成分だけではないようだ。

「タンパク質が分解すると、身は柔らかくなり、ねっとり感も出てきます。私は、長期熟成の『美味しさ』とされるものは、主に遊離アミノ酸の旨味と柔らかくてねっとりした舌触りの相乗効果なのではないかと考えています。さらに身が柔らかくなると、噛んだ時に旨味などのエキス成分が溶出しやすく、味が舌に乗りやすくなることも考えられます。そのうえ長期間寝かせることで水分が抜けますから、そのぶん旨味が凝縮される効果もあると思います」

話が少し複雑になってきたが、どうやら熟成魚を美味いと感じるには、いくつもの理由があるようだ。次のページからは、その理由となる要素を個別に分けて紹介していこう。

旨味成分を理解する

旨味成分は二つある

魚の代表的な旨味成分はイノシン酸と遊離アミノ酸だ。イノシン酸は鰹節などに多く含まれる旨味成分。一方、代表的な遊離アミノ酸であるグルタミン酸は、昆布に多く含まれる旨味成分(科学的に精製するグルタミン酸ナトリウムは「味の素」など化学調味料の元となっている)。

熟成をかける上でまず頭に入れておきたいのは、このふたつの旨味成分の量は時間の経過とともに変化する、ということだ。大まかに言うと、魚を締めるとまずイノシン酸が急増してピークを迎え、その後は徐々に減っていく。一方で時間経過とともにタンパク質分解により遊離アミノ酸が増加する(図1)。

旨味成分に限って言えば、新鮮な魚の旨味はイノシン酸で、それが熟成により遊離アミノ酸の旨味へと変化していくという流れ。どちらの旨味が美味しいかは、舌にある旨味をつかさどる受容体に対する感度の違いや好みなどが影響するので一概には言えないが、旨味の質が変化していることは、科学的に実証されている。

イノシン酸の量を増やすには?

初期の旨味であるイノシン酸の量は、魚の締め方に左右されるという。魚が死ぬ

(図1) 異なる脱血処理でのイノシン酸(IMP)含量の変化

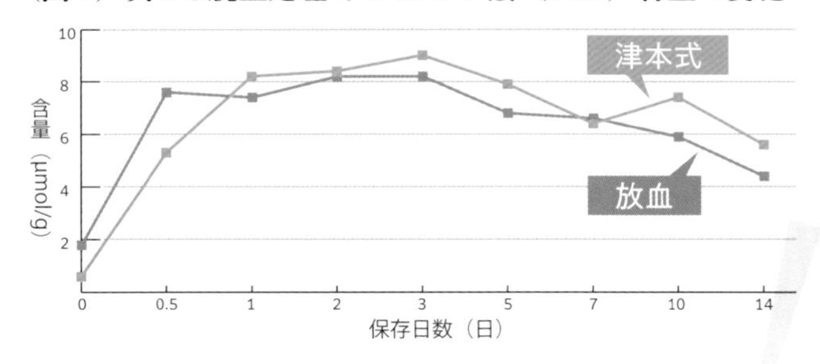

グラフの「放血」とは通常の血抜き処理を示す。イノシン酸は処理後、1~3日でピークを示し、その後、緩やかに減少していく。また津本式ではイノシン酸含量の減少が通常の血抜きに比べて抑制され、10日以降で有意な差が生じた。データは掲載しないが、色合い、アンモニア・エタノールアミンの含有量の変化、タンパク質分解抑制についても津本式優位のデータが出ている。

(図2) イノシン酸含量とグルタミン酸含量と肉質(弾力)の熟成期間における変化

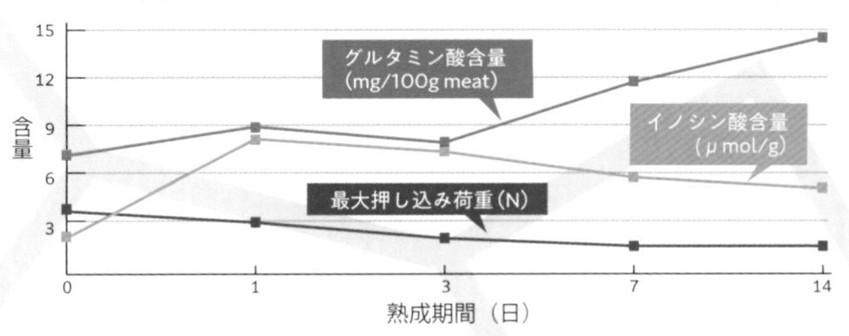

(※イノシン酸含量とグルタミン酸含量、最大押し込み荷重は単位が異なるため、このグラフでは総量としての比較はできません。それぞれの旨味成分の日数経過における増減の変化の違いを見てください)イノシン酸含量が処理後1日をピークに緩やかな減少へと転じているのに対し、グルタミン酸含量は日数経過とともに増加する。身質も日数が経つごとに緩やかに柔らかくなっているのが確認できる。

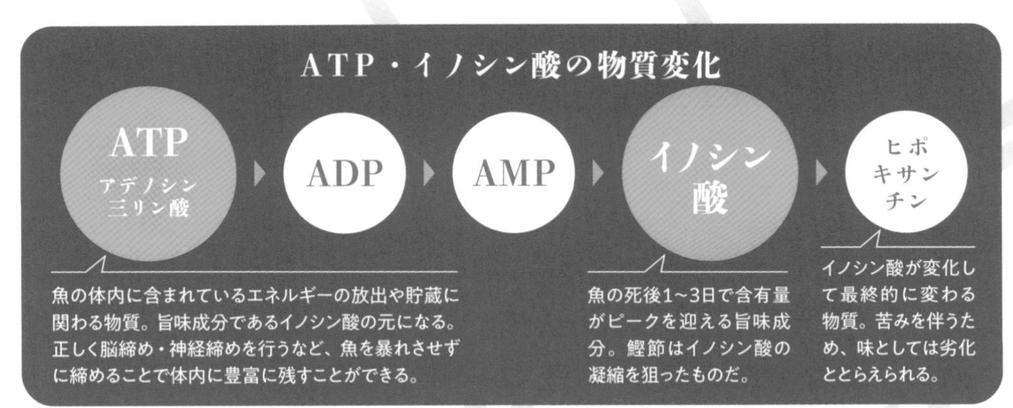

と、体内に蓄積されたATP(アデノシン三リン酸)がADPやAMPなどいくつかの物質になる変化を経てイノシン酸となり、最終的にヒポキサンチンという物質になるという流れがある。

「ATPは魚が暴れることでエネルギーとして消費され、他の物質に変わります。『漁獲をする時に暴れた魚は美味しくない』と言われるのは、pHの低下やうっ血などで身の質が低下するとともに、ATPの多くが分解した状態で死んでしまうためです。脳締めや神経締めをして暴れさせずに死なせることで、ATPをたくさん残すことができます」

ATPがたくさん残れば、流通や保存中の変化を考慮すると、実際に食べるときのイノシン酸の量が豊富になるため、適切に魚を締めることは、初期の旨味成分を引き出す上でとても重要となる。

魚を締めるとイノシン酸は急速に増加し、その後減少に転じる。魚種によっても異なるが、たとえばカンパチだと死んでからおおよそ半日から1日でピークとなり、3~4日経つと減り始めてくるという。1日寝か

遊離
アミノ酸

タンパク質分解とともに発生する旨味成分。昆布などに豊富に含まれるグルタミン酸が有名。「味の素」はグルタミン酸ナトリウムを主成分とした化学調味料。

遊離アミノ酸が増えてくるまで寝かせることで起こる主な品質劣化

- 臭いが出る
- 色が落ちる
- 細菌が発生する

料理人はこれらマイナス要素を様々な方法で抑制して品質を保ち、遊離アミノ酸を活かした食材に作り上げる。

せたぐらいで食べたほうがイノシン酸の量は多いのだから「熟成すればするほどイノシン酸が増えてうまみが増す」という表現は間違いだ。

「私たちの研究により、津本式の血抜きをすることでイノシン酸の減り方が緩やかになることが分かりました。同じ日数寝かせた時に残せるイノシン酸の量は、津本式を施すことで増やす（保つ）ことができるというわけです」

これは津本式血抜きの大きな功績だ。だが、それでも日が経つにつれてイノシン酸は減少し、最終的には苦味も含むヒポキサンチンという物質に変わってしまう。そこで代わりに増加し始めるのが、遊離アミノ酸というわけだ。

遊離アミノ酸の増加

一週間ほど寝かせると、イノシン酸はだいぶ減ってしまうが、魚肉中のタンパク質分解が進むことにより遊離アミノ酸が増え始める。そしてその後も遊離アミノ酸は、タンパク質分解が進むにつれて増え続ける。だとすれば、ひたすら時間をかけて寝かせたほうが旨味が増えて良いのかといえば、そうではない。

「遊離アミノ酸が増えるまで魚を寝かせると、同時に魚の品質低下も起こってきます。臭いが出てきたり、色が悪くなったり、細菌が増殖したり……。それを抑えて品質を保ちながら熟成を進めていくのが料理人の職人技と言えるでしょう。また品質を長持ちさせるのが、津本式の血抜きや水洗いや冷温処理だと考えています。

一方で津本式により血をしっかり抜くことで血液に含まれる酵素も抜くことになりますから、そのぶんタンパク質分解のタイミングが遅れることがあるかもしれません。いずれにしても、従来、魚の旨味とは主にイノシン酸を指しましたが、熟成の技術と津本式血抜き・保存によって、イノシン酸とは異なる遊離アミノ酸の旨味を生かした味が、一般にも楽しめるようになってきたと言えるのではないでしょうか。私たちの研究の目標は、料理人の職人技に頼ることなく水産物を大量に美味しいとされる熟成状態に持っていくことです。それができれば、これまで無駄にしてきた水産物の利用を大きく広げることができると考えています」

旨味の足し引き

旨味を後から足すことについて

魚の熟成における二大旨味成分であるイノシン酸と遊離アミノ酸の時間経過にともなう増減について大まかに理解できたところで、ではどのタイミングが一番美味しいのだろう? という疑問が湧いてくる。その答えは難しいが、ここで言えることは、美味しさは旨味成分だけでは推し量れないということ。この後に解説する脂質やテクスチャー、さらには塩なども含め、魚を美味しいと感じる要素は多岐に渡り、旨味成分だけにとどまらない。

それを前提とした上で、旨味成分に限った話をするならば、あとから添加するという方法もある。たとえば昆布締めで使う昆布には、遊離アミノ酸であるグルタミン酸が豊富に含まれている。鰹節はイノシン酸のかたまりのようなものだ。それらの旨味成分を魚に付けたり振りかけたりすることで、旨味を足すことは可能なのではないだろうか。

「実際に昆布締めなどではグルタミン酸の旨味が魚に移っていると思います。つまり外からでも足せるわけです。極端な話、イノシン酸が減ってグルタミン酸が増えたのならば、鰹節の出汁につけてバランスを取ってみたらいいとも言えます。大切なことは、どのようにしたらどうなるのかというメカニズムを知り、自分で工夫を凝らしていくことではないでしょうか」

鰹節はイノシン酸分解酵素を加熱で止めて作る

カツオの体内にイノシン酸が増加したタイミングで熱を加えることにより、イノシン酸を分解する酵素のはたらきが止まる。これによりイノシン酸が豊富な状態にとどめることができる。それを乾燥させることでイノシン酸をさらに凝縮させたものが鰹節だ。

脂質、テクスチャー（肉質）、血

旨味成分だけでは計れない!?

旨味成分の増減だけを見ると、イノシン酸のピークは魚を締めてから1～3日、遊離アミノ酸が目立って増えるのは一週間以降となってくる。そのため、たとえば5日ほど寝かせた状態は、イノシン酸はだいぶ減ってしまい、遊離アミノ酸はまだそれほど目立って増えていないタイミングとなる。それでも「美味しい」と評価されることは多いのはなぜ?

「ひとつには、旨味成分の相乗効果が考えられます」と高橋助教。「イノシン酸と遊離アミノ酸が合わさることで、旨味が増強されることが研究からもわかっています」

ちなみにグルタミン酸ナトリウムが主成分である味の素も、1%ほどのイノシン酸ナトリウムやグアニル酸ナトリウムを添加することで、グルタミン酸の旨味を引き出している調味料だ。

「そしてもちろん、美味しさを感じるのは、旨味成分だけに限りません。まだ検証は進んでいませんが、脂質やテクスチャー（肉質）の影響も小さくはないと思っています」

データによる確証はまだ得られていないため、あくまでも想定であることを前置きして、高橋助教は次のような考えを話してくれた。

「かつて脂は味には直接影響しないと言われていましたが、近頃では脂質を構成する

旨味成分以外で魚の味に関わる要素

脂質	テクスチャー	血
・旨味成分の効果を増強する	・寝かせると柔らかくなり舌に味が乗りやすくなる	・新鮮な状態ならば血も「魚の味」と考えられている
・味をまろやかにする	・寝かせると味が溶出しやすくなる	・津本式血抜きを施すことで血の味や匂いは極限まで抜くことができる
		・劣化すると臭みとなり、身の色にも悪影響を与える

脂肪酸のうちのいくつかが、旨味成分の効果を増強すると言われています。つまり脂の味自体が美味しいというよりも、イノシン酸やグルタミン酸などの旨味成分を強める可能性があるというわけです。醤油だけよりも油を混ぜたドレッシングが美味しい……みたいなことってありますよね。また、タンパク質分解が始まると、テクスチャーが柔らかくなってきます。前述したように、テクスチャーが柔らかくなると筋肉中に入りこんでいた脂が溶出しやすくなって、舌が味を感じやすくなることも考えられます。俗にいう"脂がまわる"という状態となり、美味しさとしてはたらきかけるのではないでしょうか」

さらに現代人の趣向に、脂がまわったことによるまろやかさやテクスチャーの柔らかさがマッチしているのではないか、とも高橋助教は言う。

「熟成肉もそうですが、最近になって熟成が人気である理由のひとつに現代人、特に都会に住む人たちの好みに合っているということもあるだろうと考えています。一方で獲れたてのコリコリした食感がいいという人もいますから、こればかりは好みですけどね。また、これは熟成に限った話ではありませんが、津本式で血をしっかり抜くことによって、従来の魚臭さや血なま臭さが抜けて食べやすくなったと感じる人はいます。その一方で、新鮮な血の味を含めてフレッシュな魚を食べ慣れている人からすれば、血を抜いた味は物足りなく感じるかも知れません」

ところで、うまみ成分であるイノシン酸は最終的にヒポキサンチンという、やや苦味をともなった物質となるが、このヒポキサンチンが"ほどよく"影響をおよぼすことで味に深みを与えるなんてことは考えられないだろうか?

「そんな話を聞くこともありますが、科学的にはまだなんとも言えません」

塩の
はたらき

タンパク質を溶かすはたらき

後述する白山洸さんの「塩蔵熟成」はもちろんのこと、魚の水分を抜くという意味で、塩は熟成に欠かせない。高橋助教に塩の役割について聞いた。
「塩は色々なことをしますから、難しいんです。まず大きなところではタンパク質を溶かします」
タンパク質、つまり筋肉を溶かすということ?
「タンパク質は大別すると水溶性タンパク質、不溶性タンパク質、塩溶性タンパク質に分けられます。実は魚の筋肉タンパク質全体の60~70%は塩溶性です。ミオシンやアクチンなど、筋原線維タンパク質と呼ばれるものが主な塩溶性タンパク質です。たとえばマグロの漬けは少しねっとりしていますよね。あれは塩で魚のタンパク質が溶けた状態なんです」
確かに……。
「ツミレやハンバーグを作る時に『塩を入れてよくこねましょう』という工程があるじゃないですか。あれも塩を入れてタンパク質を溶かすことでねっとりさせているわけです。あの工程がないと、ツミレやハンバーグはボソボソになってしまうので、塩でタンパク質を溶かすというのは、非常に重要な工程です」
なるほど!
「昆布締めもねっとりしていますよね。あれも昆布の塩気が魚の身に移り、筋原線維タンパク質が塩で溶かされているから、あのようなねっとり感が出てきているのです。さらに言えば、しめさばを酢に漬ける前に塩をあてるのも、身の中の筋原線維タンパク質を適度に溶かして酢が浸みこみやすくするためです」
あまりに身近な例が次から次へと出てきて驚いたが、思い当たることばかり。ところで塩によって「タンパク質が溶かされる」ことと「タンパク質分解」とは違う?
「違います。塩がするのはタンパク質の構造変化、タンパク質分解はタンパク質の構造自体を壊すことです」
さく切りにした魚に塩を振って寝かせたら翌日にはねっとりとした、なんて経験はないだろうか。それはきっと熟成によるねっとりではなく、塩でタンパク質が溶かされた状態だ。
「塩を振れば、その瞬間から筋原線維タンパク質は溶けますから大きな変化が起こっていることは確かです。そこから長期に熟成させた時にどうなるのか……。酵素のはたらきなど他要因にも影響されますので、まだまだ研究を進めなければいけません」

塩の代表的なはたらき

- 脱水して味を凝縮
- 脱水して腐敗を抑制
- タンパク質を融解
- 旨味成分を増強

「フードロス」に光明を与える熟成魚

本書には「熟成魚の美味しさ」について、多くのことが書かれているが、高橋助教らの研究の主目的は「美味しさの追求」というわけではなく、国際的に重要性が高まっているSDGsやサスティナブルシーフード、つまり「水産物の有効利用」に置かれている。

従来、魚介類は鮮度の良い物が好ましいものとされ、時間が経つにつれて品質が劣化して価値が下がると思われてきた。ところが長いもので約1カ月も保存した後に生食ができて美味しいと評価される熟成魚の出現は、魚介類に対する考え方を大きく変えた。たとえば長期間を要する輸出において、鮮度が落ちることによる水産物の価値の下落が、熟成をかけることによって防げるだけでなく、逆に付加価値を生む可能性も出てきたというわけだ。遠い国に住む人々に日本の魚を美味しく届ける選択肢が増える、とも言える。

また、社会問題であるフードロスへの解決策としても期待が高まる。流通の過程や販売店で、鮮度が落ちることにより価格が付かず廃棄されてしまう魚の量は計り知れない。だが高品質で保存できる時間を伸ばせる熟成技術が確立されれば、多くの魚を捨てずに利用することが可能だ。また、鮮度の良い状態とは異なる美味しさを熟成によって引き出せれば、漁獲されながら破棄されてきた未利用魚に価値を付けて流通させることもできる。

「今はまだ職人の経験と技術で行われている熟成を、より簡単に安全に、そして大量に誰もが行えるようになれば、世界の水産物利用は大きく変わります」と高橋助教。

フードロスへの光明、そして国際的に強く求められるSDGsへの解決策ともなりうる熟成魚、その秘める可能性は無限に広がっている。

水分活性とは？

自由水

自由に動き回れる水分。塩により身肉から脱水することができる。細菌が増殖するために必要。

結合水

分子レベルで他の物質と結合している水。塩では脱水できない。細菌は使うことができない。

水分活性を下げるはたらき

塩を振ることによるもうひとつの大きな効果は脱水だ。熟成鮨の第一人者である「熟成鮨 万」の白山洸さんが行っている塩蔵熟成も、主な効果は脱水となる。

「塩蔵については、科学的に言うと『水分活性を下げる』となります。水には自由水と結合水がありまして、水分活性とは水の中における自由水の割合です。腐敗の元となる細菌の増殖には自由水が必要なのですが、水分活性を下げてやる（自由水の割合を減らす）ことで腐敗を抑えることができるんです」

自由水とは自由に動き回れる水のこと。結合水とはタンパク質など食品中の成分と結び付いている水のことだ。塩による浸透圧を利用して抜くことのできる水分は自由水となる。干物にまでしなくても物を腐らせない塩蔵は、菌が使える自由水を減らし水分活性を下げた状態ということだ。

「たとえば伝統的な梅干しは、梅を漬ける最初の段階で20％くらいのかなりの塩を入れますよね。その後、土用干しをして、さらに塩濃度を上げています。あれくらい水分活性を落とせば、ほぼ腐ることはありません」

菌が使える自由水を減らすことで腐らせずに済む、というわけだ。

「ただ、刺身で食べられるぐらいの塩では、なかなか菌が繁殖しないレベルにまで水分活性を下げるのは難しいと思います。白山さんの塩蔵熟成は、腐敗を防ぐというよりも、味を凝縮させる効果のほうが大きいのではないでしょうか。塩をあてたから魚の持ちが良くなると安易に考えてしまうのは危険です」

味を引き立たせるはたらき

ともあれ塩には魚から水分を抜くはたらきがあることは確かだ。

「塩の浸透圧を用いて水分を抜くことで味を凝縮する効果があります。さらに塩には旨味を増強するはたらきもあります」

さまざまなはたらきを持つ塩はどこまでも深い。熟成に塩は不可欠な存在なのだ。

「酵素活性」とは

魚肉には様々なはたらきをもつ酵素が存在する

- 旨味成分を生成する
- タンパク質を分解する
- 香りを発生させる
- テクスチャーを柔らかくする
- 色を悪くさせる……

酵素は血液にも含まれるため津本式血抜きを施すことで酵素のはたらきにより起こる事象が抑制されるとも考えられている。

酵素活性

酵素のはたらき度合。魚の肉質における様々な変化はすべて酵素のはたらきによるが、温度などの環境要因により、各々の酵素のはたらき度合は異なる。熟成魚を扱う職人はこれを経験と勘でコントロールしていると思われる。

熟成の進み方は酵素が決める

詳細は現在研究中だが、高橋助教は津本式の血抜きやその後の脱気・低温処理を施すことで、熟成を進めるタンパク質分解が遅くなるだろうと考えている。

「タンパク質分解を進めるのは酵素です。酵素は血液にも入っていますので、津本式でしっかりと血を抜くとそのぶん体内の酵素も減り、タンパク質分解もしづらくなるという考えです。また、低温処理も酵素活性、つまり酵素のはたらきを抑えますので、やはり熟成の速度は遅くなるでしょう。津本式は魚の持ちを良くする技術ですから、これは理にかなっていることです」

温度と言えば、白山さんは「塩蔵熟成」の最中に温度を調整することで、魚の味や香りを引き出すという。科学的には温度調節により酵素活性を操作して魚の状態をコントロールするということなのだろうか。

「そうですね。生化学的に言えば、たとえば2℃よりも5℃の方が酵素活性は高まると思います。ただ、それによって味がどう変わるかについては、正直分かりません。温度調節する時間の長短にもよりますし、酵素とひと口にいってもかなりたくさんの酵素がありますので……」

酵素にはたくさんの種類がある?

「そうです。調べれば調べるだけ出てくるほどです。ATPをイノシン酸に向かわせることに関わる酵素もあれば、タンパク質を分解する酵素もあるし、遊離アミノ酸を増やしてくれる酵素もあります。たとえばテクスチャーが柔らかくなる理由のひとつは肉の中のコラーゲンが分解するからなのですが、このはたらきをするのは主にメタロプロテアーゼという酵素です。それぞれのはたらきに応じて酵素があり、しかも魚種によっても持っている酵素の種類や量は違います」

温度調節をして各々の酵素活性をコントロールし、味や香りを立たせていく。「理論上はできなくはない」と高橋助教も言うが、実際にやろうと思っても複雑すぎて一般の人には非常に難しい。やはりこの部分は職人の経験と勘による部分が大きいのだろう。

熟成への注意喚起

安全確保の重要性

まだまだ熟成魚は新しい分野。高橋助教をはじめとする専門家の研究が進むことで得られる理解も多いのだろう。章の冒頭にも書いたが、高橋助教らは魚の熟成という新たな手法が鮮度の落ちた魚にも価値を与え、これまで値を下げたり廃棄していたような状況を変えていく可能性に期待している。津本式の血抜きや保存術は、その可能性を支える大きな屋台骨だ。だからこそ、正しい知識を持って魚の熟成を楽しんでほしいと言う。

「研究者として最後に伝えておきたいことは、やはり安全性の確保です。熟成をかけることで、いわゆる微生物増殖による食中毒の可能性が通常よりも高まるのに加え、とくにサバなどの青魚を中心にヒスタミン中毒への注意が必要です。ヒスタミンは一度生成されてしまうと火を通しても壊れません。他の食中毒に関しては火を通すことで軽減できるかもしれませんが、ヒスタミンに加熱は意味がありません。『刺身は怖いから火を通して食べよう』という考えを持つ人がいますが、熟成魚の衛生管理は生も加熱も同じ意識でやるべきであり、安心して刺身で食べられる状態に留めるべきです。個人での過剰な長期熟成は控え、とにかく津本式に習って魚を良く冷やし、良く洗うことを心がけてください。熟成技術を確立し、多くの人に広く利用していただくためにも、安全であることが非常に重要なのです」

<最後に>

これまでの我々の研究成果については、2020年8月に日本水産学会誌に『長期熟成魚介類刺身の呈味成分およびテクスチャー』として学術論文を発表しました。今回技術協力されている「熟成鮨 万」さんなどの熟成を売りものにしている寿司店の材料を調べたもので、基礎的な知見ではありますが、科学の視点から水産物における長期熟成とはどのようなものかを知る最初の手掛かりになるかと思います。日本水産学会誌は日本の水産業に積極的に貢献するためオープンアクセスを進めていますので,どなたでも無料で読めます(2020年10月現在)。学術論文ですので詳細なデータが掲載されている反面、一般の方には多少取っつきにくいかもしれませんが、熟成に興味のある方には是非ご一読いただければと思います(髙橋)。

注意！ ヒスタミン中毒は熱を通しても防げない！

激しい下痢や嘔吐を伴い、時には命さえ奪いかねないヒスタミン中毒は、サバなどの青魚に多くみられる細菌由来の食中毒。ヒスタミン産生菌により作られてしまったヒスタミンは熱処理をしても壊れない。防ぐにはとにかく魚を冷やしておくことが大切。職人による熟成魚の取り扱いは、あくまでも長年培った知識と経験、それに整った設備によるものであることを心に留めておきたい。

熟成はK値の常識を覆す

「水産学にはK値という魚の鮮度を示す数値があります」と高橋助教。1960年頃より魚の品質を知るうえで広く使われてきたが、近年の熟成魚人気によって、その基準が揺らいでいるという。
「K値は、パーセンテージが少なければ少ないほど鮮度がよい状態を示します。一般的に生食向きだと言われているのはK値が60%以下の状態です。ところが皆さんが美味しいといって食べている熟成魚は、K値が60~70%もあります。水産研究者が見たら驚くような数値です」

確かに熟成魚は「新鮮」とは言えないかもしれない。ただ問題なのは新鮮ではないもの（=K値の高いもの）は生食に向かない、魚の状態として劣っているという考えが根付いていることだという。
「そもそもK値とはATPとその関連物質の割合から割り出される数値です。うま味成分で言えばイノシン酸の量が減るとK値は上がるという計算式になります。直接的に腐敗や菌の増殖を示す数値ではありません。ですので食品微生物学や食品衛生学の研究者たちは、K値と腐敗をもたらす微生物などの要因を分けて考えています。たとえばK値が20%以下でも食中毒を起こす時は起こすし、K値が70%でも生食できるものもある、というように。しかし一方で、水産研究者の中にはK値が60%を超えるのは初期腐敗が起こっているからだという人もいます。確かに一部でK値の上昇に微生物が関与することが知られていますが、K値上昇の原因となるATPやイノシン酸の分解は、元々筋肉中に存在する酵素による反応が主ですから、微生物の増殖や腐敗とは分けて考える必要があります」

K値とは？

ATPやイノシン酸量の比率から割り出される数値で、一般的には魚の鮮度を示す指標として用いられている。

熟成魚はK値の常識では計れない！

通常、生食に向くとされるK値は60%以下とされているが、熟成魚では60~70%のものも生食用として提供されている。「熟成魚はK値の概念を変えたとも言えます」と高橋助教。

プロの熟成術

［ 教えてくれる人 ］

熟成鮨 万 白山 洸

東京・広尾にある「熟成鮨 万」の鮨職人。熟成鮨の第一人者として研究を続け、独自の熟成技法を確立。今もなお熟成魚の味・香り・テクスチャーの究極のバランスを模索し続ける求道者。長崎県出身。

酵素熟成

最初に行う熟成段階。塩をあてたりはせず、低温下の寝かせとペーパーによる脱水加減を行い、魚自体のもつ酵素のはたらきによって熟成を進める工程。

乾燥熟成

最後に行う熟成段階。低温下で乾燥させ、必要に応じて塩をあて、適度な脱水による味の凝縮をはかって味・香り・テクスチャーを整える工程。

塩蔵熟成

酵素熟成と乾燥熟成の間に行う工程。強めの塩あてと、その後の適切な塩抜きにより、寝かせる期間を引き延ばすことができる。省かれることもある。

白山式の熟成ルーティン

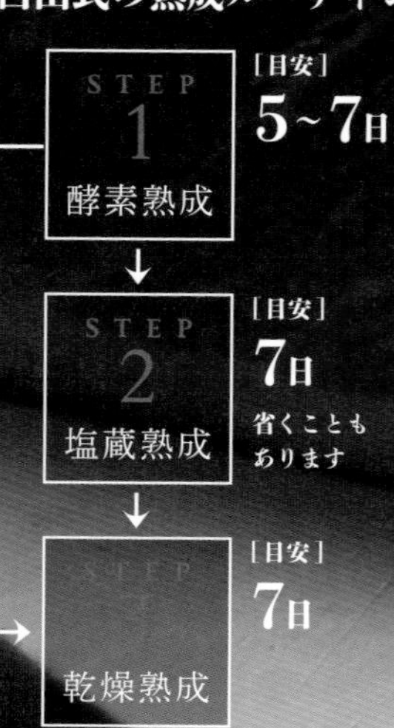

熟成の日数（時間）は魚の種類、コンディションで変わります！

津本式による究極の血抜きと保存法により、最高の食材を手に入れた。
だが、それはあくまでも「最高の食材」であり、
熟成魚として美味しく食べるためには調理を施す必要がある。
プロの技、本来ならばそれは職人が明かすことのない秘宝だが、
今回は特別に熟成鮨の第一人者である白山 洸さんが、
自身の熟成術の基本を明かしてくれた。

白山 洸さんの熟成技法は大きく三段階に分けられる。左ページにあげた酵素熟成、乾燥熟成、塩蔵熟成だ。果たす役割は、それぞれの段階により異なるが、大きな目的は味・香り・テクスチャー（肉質）の3要素をコントロールして、熟成魚としての美味しさを求めることにある。

熟成を行う際、多くの人が誤解していることがあると白山さんは語る。それは「熟成に正解を求めてしまう」ことだという。カレーライスの正解がないように、熟成にも正解はない。しかし熟成となると「調理」ではなく「作業」のように考えてしまうという。そうではなく「熟成もまた調理のひとつ」だと白山さんは強調する。自分でやると決めたならば、どのような味を求めていくかは自分次第、というわけだ。

ここでは白山さんが実践する三段階の熟成法の基本工程と、それぞれの持つ意味を紹介する。いわばプロの考案した基本数式。そこに数字を当てはめて味を作るのは、熟成をやると決めたあなたである。

大切な前提をもうひとつ。魚の熟成にはリスクが伴う。食のプロである職人は徹底的な衛生管理のもと熟成を行い、食あたりなどのリスクを回避している。あくまでも自己責任であることを承知の上で、自分の経験と技量の範囲内で熟成魚の美味しさを楽しんでほしい。

酵素熟成

熟成鮨「万」。白山洸による熟成の基本

「魚が持つ酵素をはたらかせる、熟成魚の基本」

ここで紹介する酵素熟成は、白山式熟成の基本であり入口となる工程だ。熟成をかける浅さ深さに関わらず、すべてにおいて行われる。

酵素熟成では、魚が体内にもつ酵素のはたらきに頼り、熟成を進めていく。後の塩蔵熟成や乾燥熟成が塩を用いたコントロールを加えていくのに対し、酵素熟成では低温下に寝かせた魚の状態を観察しながら、状態を手入れしつつ見極めていく。ある意味、魚が変化する性質に頼った熟成と言える。

「入口となる工程」と述べたが、出口は別にあり、酵素熟成だけで熟成を終えることはない。そのため大切なことは、酵素熟成の後に行おうとする塩蔵熟成や乾燥熟成のプランを加味したうえでゴールの時期や目指す味を定め、逆算したタイミングでこの工程を終えることにある。白山さんは熟成を進める上で味、香り、テクスチャー（肉質）という3要素を個別にコントロールして理想の食味へと近づけていく。この3要素が並行して理想へと進んでいけばよいが、魚種や状態により、味は良いけど香りが足りないとか、香りはもう十分出ているけど肉質をもっと柔らかくしたいなど、最終的に理想の状態に持ち込むには微調整しなければならない。酵素熟成の果たす役割は、その微調整を行うための「調整しろ」を残したうえで、ある程度まで熟成を進めた状態に持っていくことにある。

状態を常にチェックしながら理想とのズレを感じたら早い段階で修正をかけていく。そのため切り身にした状態でラップでくるみ、トレーに並べて冷蔵庫で寝かせるという、津本式保存法に比べると簡素なやり方となる。そのぶん手軽に状態を確認することができる。毎日、魚のコンディションを見続けていく必要があるなかで、この方法にたどり着いたのだという。だがこれは、どちらが優れているというわけではなく、津本式が理想的な保存術であるのに対し、白山式はあくまでも熟成を進めるためのコントロールと見ることで、理解できるのではないだろうか。

本家の方法を理解し、応用術に取り組もう

津本式の保存法

脱気そして冷温保存という点で、白山さんの酵素熟成と津本式の保存法は似ている。だが白山流の酵素熟成はあくまでも「熟成を進める」うえでの1工程。対して津本式の保存法も魚の状態は熟成へと進むが、狙いはあくまでも保存にある。その違いを理解しておこう。

様々な副次的効果を生む、ベストな保存法

魚に合ったサイズの耐水紙を敷き、その上に吸水紙(ミートペーパー)を敷いて血抜き処理済みの魚を置く。

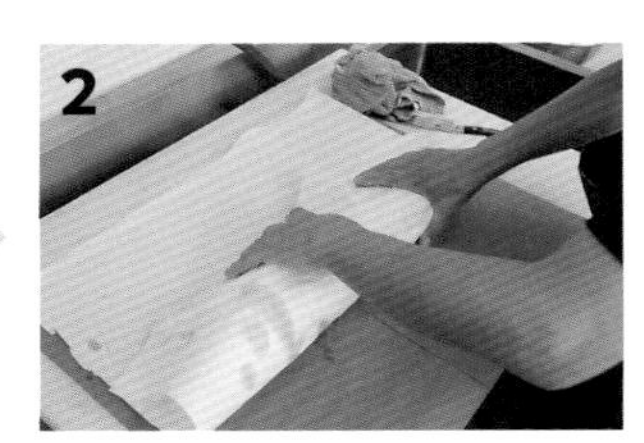

魚全体をミートペーパーで一回巻くように包む。巻いてから頭側と尾側に余った紙を折りたたむ。魚が露出していなければOK。

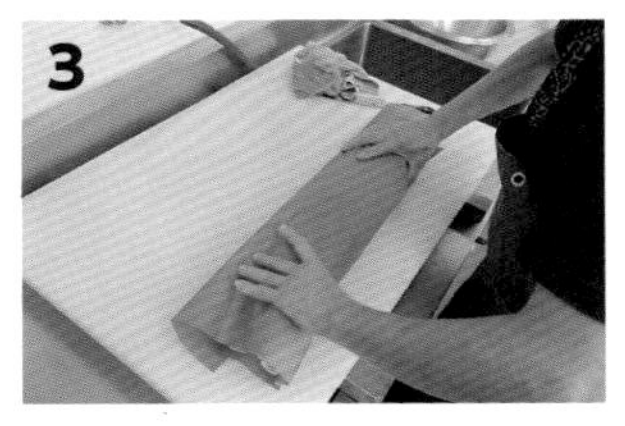

耐水紙でも同様に巻き、頭側と尾側の余った紙を折りたたむ。できるだけ紙と魚とを密着させ、隙間ができないように。

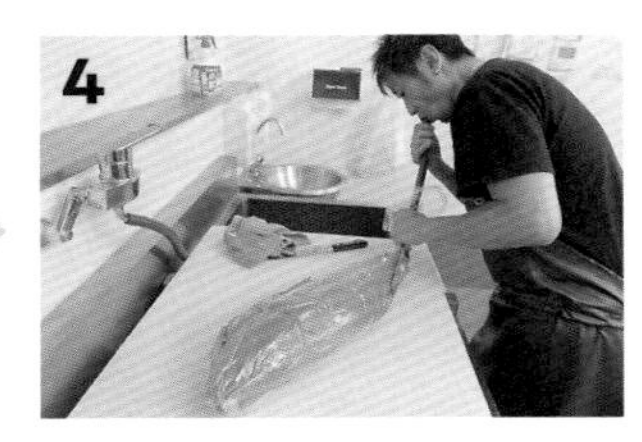

魚の大きさにあったナイロン袋(厚さ0.03㎜前後)に入れて、ホースを袋口に差しこみ中の空気を出来る限り抜く。

ホースを抜きながら袋口をひねり、脱気状態にしたまま袋口を結ぶ。口で脱気しづらければハンディークリーナーを用いてもよい。

水温1~5℃に保った氷水に魚を沈み込ませて封をして寝かせる。小型魚であれば冷蔵庫のチルド室に寝かせてしまってもよい。

〈 メリット 〉

- 魚の身の品質保持
- 空気遮断による腐敗抑制
- 減圧による脱血、脱水、脂など浸透
- 温度管理による品質保持

津本式の血抜き処理から保存に至る工程の利点は、何よりも魚の品質を出来るだけ保ったまま寝かせられることにある。魚をできるだけ切らずに丸ごと処理するのも外気との接触を極力防ぎ、傷みを軽減するためだ。また徹底した脱気や低温管理(温度変化が少ない)は細菌の繁殖を抑え、腐敗を極力抑制する効果を狙ってのものだ。さらに、氷水に沈ませることで、下部圧迫による床ずれのような魚への負担を防ぐだけでなく、魚の全身にかかる水圧により、さらなる脱血・脱水を促進する効果もある。そして適度な圧力は、脂を身へと浸透させる効果もあると考えられているのだ。

【白山式】
酵素熟成手順

白山さんが行う熟成の初期段階。魚の持つ酵素の力で身を柔らかくし、旨味を引き出す下地作りのような意味合いを持つ。ゴールを決めて全熟成工程を考えたうえで、後の工程を差し引いたタイミングまで熟成を進めていく。

1. ラップを用意

魚を包むラップはとにかく薄くて伸縮性があり柔らかな物を選ぶのがコツ。十分に伸びないと脱気しながら包み込むことができない。サランラップやクレラップは硬すぎるので不向き。くしゃっと丸めた時に音が聞こえないぐらいの物がいい。

2. ペーパーを用意

ミートペーパーとキッチンペーパーに代表される吸水性の異なる2種類を用意。腹の中はドリップが出やすいので吸水性の高いキッチンペーパーなどを使用する。魚の表面を包むのはキッチンペーパーに比べて吸水性の低い、表面のフワフワしたミートペーパー。

3. 熟成の方向性を鑑みてペーパーを選ぶ

ペーパーの使い分けの基本は上の通りだが、水っぽい魚の水分をあえて取りたければ、すべてに吸水性の高いキッチンペーパーを用いてもよい。魚の種類や状態、それに熟成の方向性を鑑みてペーパーを使い分ける。

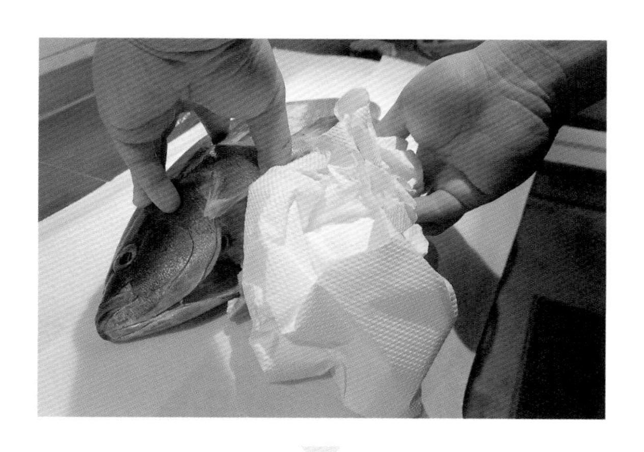

4. 内臓部にペーパーを入れる

キッチンペーパーを丸めて内臓のおさまっていた腹の中に詰めていく。肛門からエラブタの内部まで、くまなくペーパーが魚体に接するぐらいの量を入れることで、臭みや雑菌繁殖の水分、ヌメリをしっかりと吸収することができる。

5. ペーパーで魚を包む

ミートペーパーで魚全体をやさしく包む。余分にペーパーを巻き過ぎても脱気しづらくなるので、魚全体がもれなく包まれていればよい。

6. 脱気を心掛けながらラップで包み込む

ラップで全体を包む。この際、ラップをしっかりと伸ばしながら包み込んでいくことで、充分な脱気を行うことができる。そのためにも伸縮性が高く柔らかなラップを選ぶこと。魚全体にかかる適度なラップの圧には、ドリップを促進する効果もある。

白山式
酵素熟成手順

7. 冷蔵庫で保管する

冷蔵庫に入れて保管する。温度は3℃が理想（大きい魚ほど温度は低く。但し、凍らせない！）。冷蔵庫自体の温度設定がそれよりも高いようならば、冷風の出ている近くに置くのも方法のひとつ。下に柔らかいクッションとなるシートを置くことで下側にかかる重圧を分散させて抑えることができるが、一日置きにひっくり返せば問題ない。

8. 魚の表面を清掃する

通常、処理をした翌日、翌々日までは1日1回ペーパーを取り替える。それ以降は毎日状態をチェックしてペーパーが湿っていたら交換する。厳密な基準はなく、たとえば水気の多い魚の初日は、1日2回取り替えることもある。ペーパーを取り替える際は魚の表面を薄めた米酢をキッチンペーパーに沁みこませたものでさっと吹くことで、余分なヌメリや汚れが落とせる。

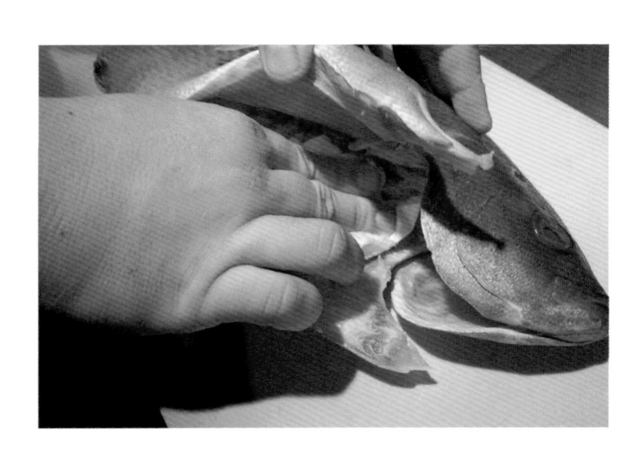

9. 内臓のペーパーの入れ替え

腹の中のペーパーも湿り気を見て交換。表面と同様、米酢で拭くことで不純物を取り除き、雑菌の繁殖を抑えられる（実際に酢で拭く・拭かないを同時に試したところ、拭かない方は魚から沁み出た脂にプツプツした菌の元のようなものが発生したという）。魚の状態を見ながら3~9を繰り返し理想の状態に持っていく。

魚の手入れについて

酵素熟成工程での魚の手入れで最も気を使うべきは、2種類のペーパーを適切に使い分けて、ほどよく水気を保った状態をキープすることだ。こう書くと「水気を取るのがペーパーの役割じゃないの?」と思うかもしれない。確かに余分な水分や体表から出るヌメリ、身の切断面から出る体液などは熟成に不要な不純物であり、それは取り除かなければならない。雑菌繁殖の元になるだけでなく、一度水分を排出した身が、また吸ってしまうこともあるからだ。体表や腹の中から出てきた不純物は、だからこそ、しっかりと魚の身から取り除かなければならない。

白山さんがペーパーを使わずにラップだけでくるんで保存する実験を行ったところ、魚は自らが排出したヌメリでべとべとになり、身はその臭みを吸ってしまったという。津本式・究極の血抜きとその後の立て掛けによって、高度に血や水分を抜いたとしても、やはり余分な水気は多少残るもの。それを適切に吸わせるのがペーパーの役割と言える。

一方、過度にペーパーを交換したり、体表を包む際に吸水率の高いキッチンペーパーを多用したりすると、魚の表面がパリパリに乾いてしまう。そうなると、まずウロコが上手く引けなくなり、調理の際の作業効率が落ちてしまう。さらに行き過ぎると、干しているのと変わらない状態になってしまうという。

魚の状態を見て、ペーパーを選び、ほどよい水気(といっても酵素熟成の終盤ではペーパーを数日替えなくてもよいほど水気は抜けている)を保つことが、酵素熟成での魚の手入れにおける基本。そのために、できれば毎日開いて魚やペーパーの状態を確認し、そのつど対応を考える習慣を身につけたい。

熟成魚のトリミング

さく状態の熟成魚をトリミングする白山さん。可食部のトリミングはその加減が難しい。経験による部分が大きい領域だ。

熟成を進めていく上で最大の敵は、脂肪の酸化や細菌の発生により引き起こされる肉質の劣化とその先の腐敗だ。低温・脱気などにより、その速度を緩めることはできるが、特に長期熟成においては外気に触れる表面部の劣化は不可避とも言える。

そこで必要となる作業がトリミング（trimming）だ。トリミングとは、傷んだ部分を削り落とす作業のこと。これを適切に行うことにより、可食部を確保し、さらなる長期熟成へと向かわせることもできるようになる。

では、どこまでを削り落とせば安心か。残念ながら、その確かな答えはない。もちろん、個々の経験からくる基準ならばあるだろう。だが、それを文字で確実に伝えることは不可能であることを、まずはご了承いただきたい。

大きな目安となるのは脂質の酸化などによって引き起こされる色落ちだ。ニオイの変化などもあるだろうが、判別しやすいのは肉の色がくすんでくることだろう。基本的に外気に触れていない部分は傷みづらいので、色落ちした表面をトリミングすることで、傷んでいない部分との色の差を知ることができるはずだ。外気に触れる切断面がある以上、長期熟成と呼ばれる工程には、必ずどこかで可食部をトリミングする必要があることを覚えておいてほしい。

津本式が優れた保存法であるのは、総じて魚を傷ませない工夫が凝らされているからだが、そのひとつは可食部のトリミングを要する「切断面」を極力作らないことにある。可能な限り丸ごと一匹の状態で

基本は切断部を
トリミングしていく

さくの場合、まずは左右を包丁で削り落とす。そこまで悪い色には見えないが、このぐらいでもトリミングは必要。

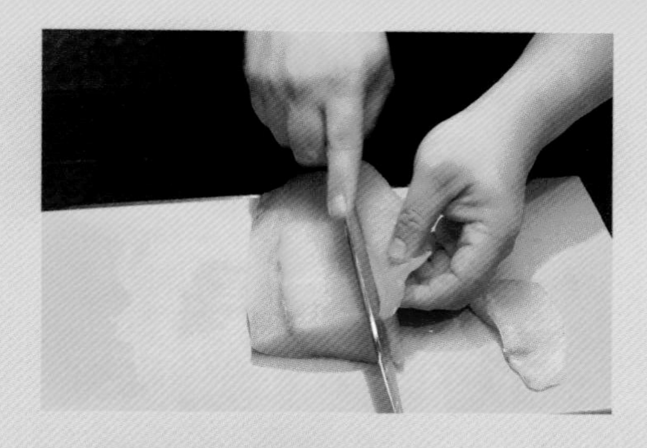

次に縦に表面の肉を削り落としていく。だいぶ可食部を失ってしまう気もするが、何よりも安全が第一。躊躇せずにトリミングしよう。

処理し、腹割きは内臓を抜く必要最小限にとどめることで、可食部が外気に触れる面積を減らす。保存中、外気に触れる可能性のある部分は、ほとんどが鱗や皮、頭部となり、それを取り外すことがトリミングと同じ意味を持つことになるというわけだ。もちろん津本式でも脱血するために切断した尾部の断面や、保管場所の都合で頭を落とした場合はその断面もトリミングする必要がある。

さく状態で寝かせている場合、1~2日でない限り、可食部のトリミングは必要となる。脂質の酸化など、外気に触れている表面の傷んだ部分を包丁で適宜削いでいく。可食部と言えどもある程度余裕を持った厚さを削り落とすことで、安全性を担保することができる。

白山さんはトリミングを行った際、薄めた酢を浸みこませたミートペーパーでさっと表面を拭いているという。新たにできた外気に触れる切断面の劣化を少しでも防ぐためのケアだ。

傷んだ部分をそのまま放置しておくと内部まで腐食が進んだり、細菌が増殖して食中毒などのリスクを高めてしまう。改めて言うが、明確な基準はない。目で見てニオイを嗅いで「ちょっと傷みそうかな?」と思ったら、躊躇せずにそぎ落としてほしい。そのぶん可食部は減ってしまうが、何よりも熟成においては安全性こそが最重要だからだ。ちなみに津本式処理の場合、他と比べて可食部が多くとれる。

白山式

乾燥熟成

「素材を完成に導く熟成方法」

白山式熟成の最終段階、つまり仕上げの工程が、ここで紹介する乾燥熟成。白山さんが熟成魚の美味しさを決めると考える三大要素の味・香り・テクスチャーそれぞれを微調整して、狙った状態に落とし込むのがこの熟成段階の大きな役割だ。

それらをコントロールするための操作は、まず塩のあて方。盆ざるの上に置いて冷蔵庫で寝かせるだけでも乾燥は進むため、それも加味したうえで、塩による脱水の補てんと旨味の引き立てを行う。どれぐらい塩をふるのか、またどれぐらいの時間あてておくのかによって塩の効果は変わるので、その調整が職人の勘所となる。もっともこの段階で塩が不要と判断すれば、塩をあてずに寝かせるだけの乾燥熟成を行うこともある。

ところで、白山さんいわく、味・香り・テクスチャーそれぞれを個別にコントロールする手段はあるという。例えば香りを際立たせたければ味は保ったまま香りだけ際立たせることも可能だし、味と香りを保ったまま肉質を変化させることも可能。だが、ここでその手法に触れることはあえて避けておきたい。ひとつには、あくまでも白山さんの管理下での話であり、別の人が別の環境で同じように行ったとして、味が変わるくらいであればよいが、少しやり方を誤っただけで腐敗などによる中毒の危険性も出てくるのが熟成の世界だからだ。

そしてもうひとつには、あくまでも個人の責任において自分のできるやり方で自分の味を見つけてほしいという思いがあるからだ。今回独自の手法を明かしてくれた白山さんの話を聞いていて、一番大切なことは「自分の目指す味」が何か?と問うことだと感じた。白山さんはこう語る。

「カレーを自分で作ると決めたらなら、辛口がいいのか甘口がいいのか、肉多めか野菜たっぷりか、いろいろ自分で選んで作るわけです。それが調理というもので熟成もまた調理法だと思うんです」

この言葉を頭に入れて、フィニッシュに向かおう。

熟成の「着地点」を決めよう

調理法によって適した熟成度は異なる

たとえば「熟成鮨 万」の白山さんならば、最終的に鮨ネタとして用いることを想定して熟成の着地点を決めている。鮨はシャリと合わせた食べ物で、ネタの部分だけで考えれば一度に食べる量はそう多くない。「鮨こそ濃厚で旨味の詰まった熟成魚は向いていると思います。たとえば刺身で楽しむとしたら、熟成した身そのものをある程度の量食べることになりますから、過度な熟成を施した魚ばかりだと飽きてしまこともあります。家庭で楽しまれる場合はあくまでも好みでいいと思いますが、調理法によって適した素材は異なりますので、その違いを意識したうえで熟成の度合を考えていくとよいのではないでしょうか（白山）」。鮨を含む6つの調理法ごとの熟成の目安を白山さんに教えてもらった。参考にしつつ自分なりの味を探してみよう。

刺身

食べ続けることによる「旨味疲れ」も考慮

そのままの素材を比較的多く食べるものなので、熟成を進めればいいと言うものでもない。いかに旨味の立った長期熟成魚でも、それだけを食べ続ければ「旨味疲れ」が起きる。

鮨

シャリと醤油も含めて考える

柔らかさと塩味はシャリとのバランス次第。シャリが固めならネタは柔らかめ、シャリが柔らかめならネタは気持ち固めにしていく。醤油とシャリの塩味をふまえ、ネタ単体の塩味はほとんど感じないぐらいに調節。

焼き

焼きで抜ける水分を考えて脱水を

脂が多めの魚が向く。焼くことでも水分が抜けることを計算の上で脱水をしないと、いくら旨味を凝縮したとしてもパサつきのほうを感じてしまう。脱水+焼きで抜ける水分を補てんする脂を有した魚がベター。

煮付け

干し魚の二歩手前がすごいことに！

浅めの熟成でも美味しいが、干し魚の二歩手前まで熟成を進めると、旨味がより凝縮し、煮た時に濃いダシが出る。そのダシと合わさった煮汁を再度魚に吸わせると……。脂の匂いが気になる魚も煮ると化ける。

天ぷら

蒸し物としての天ぷら（揚げ）に最適！

「中身はホクホク、衣はサクサク」。これがいわゆる美味しい天ぷらだが、これには適度な油温度の調整のもと、衣に包まれた魚の水分を蒸しながら適度に飛ばしていくことが必要。油温度を高く上げられない家庭でやると、どうしても衣をフニャッさせてしまいがちだが、これは飛ばしきれなかった魚の水分が衣をふやかしてしまうため。その余分な水分を熟成で抜いておくことで、家庭でも美味しい天ぷらができる。熟成をかけすぎて過度に脱水しすぎると今度はパサパサになってしまうので注意。

【乾燥熟成の手順】

使用する塩を選ぶ

白山さんはフランスの塩湖から取られた塩を使っている。湖塩にも多数ある。付け塩と仕立て塩は用途が違うので、味だけでは判断がつかない。試行錯誤の末に行きついた現在点なのだ。

熟成の仕立てに合う塩とは?

ひと口に「塩」と言っても、いくつかの種類があり、特徴や成分が異なる。大きくは海水から取る「海塩」、塩湖から取る「湖塩」、長年かけて海水が結晶化した「岩塩」、そして科学的に精製した「精製塩」となる。精製塩以外の自然から取れる塩のことを「原塩」と言い、それらには塩化ナトリウム以外のミネラルが含まれており、その成分により仕立て塩として様々なはたらきを発揮する。各々の特徴は以下に示すが、熟成鮨職人の白山さんは湖塩を使用している。その理由は「魚の旨味を引き立ててくれる」からだという。付け塩として優れていても、それが仕立て塩として優れているとは限らない。たとえば岩塩や海塩は美味しい塩だと白山さんは言う。だが仕立て塩として使おうとすると主張が強すぎるという。一方、塩化ナトリウムだけを極力抽出した精製塩については、脱水効果と塩味はするが、それ以外のはたらきがないという。「僕の感覚では海塩が強めの『男塩』ならば、湖塩は柔らかめの『女塩』という感じでしょうか(白山)」。ただ、これはあくまでも鮨を握る職人の選択。一般家庭で熟成を行う上では精製塩でも十分だと白山さんは言う。ここでは塩による違いと、それを使い分けている職人がいるという事実を知っておきたい。余談だが付け塩には魚と同じ産地の塩が不思議とよく合うという意見もある。

塩の種類

海塩 海水を煮詰めて作る塩。ミネラル分が豊富で美味しいが「仕込み塩として魚の旨味を引き出すために使うには、少し味が前に出過ぎる(白山)」

湖塩 塩湖の水を煮詰めて作る塩。旨味はしっかりあるが海塩に比べて味が柔らかい印象。若干のアクを含むが「アクがあるから魚のアクを中和できるんです(白山)」

岩塩 地殻変動で陸地に閉じ込められた海の塩分が結晶化した塩。ミネラル分豊富で味が濃いのが特徴。「浸透が早く、馴染む前に塩辛くなってしまう印象があります(白山)」

精製塩 原塩を溶かして精製した塩。塩化ナトリウムが99%以上を占める。「脱水効果はありますが、それ以外の利点がなく、塩蔵熟成に使うとややえぐみが残ります(白山)」

塩の主成分から特徴を理解しておこう

塩の種類は星の数ほどあり、最適な塩を問われても「好み」になると言わざるを得ない。
ただ、塩の主成分をパッケージなどで確認すれば、その塩がどんな傾向の味なのか、旨味なのかを想像することができる。いずれにせよ、自分で使ってみて“当たり”を見つけ出すしかない。

塩化ナトリウム

塩の主成分。海塩では約80%、岩塩では99%以上が塩化ナトリウムで占められている。精製塩はさらに純度を高め塩化ナトリウム99.5%以上に調整したもの。いわゆる塩味の主成分で浸透圧による脱水のはたらきもある。

塩化カリウム

海塩や湖塩のにがりに少量含まれる成分。塩化ナトリウムの次に塩味を感じる物質。その性質から塩化カリウムを増やし、塩化ナトリウムの比率を下げた調整塩も作られている。多少のえぐ味も含む。

塩化マグネシウム

塩化マグネシウムは「にがり」に含まれる主成分。苦みをもつが、それが塩化ナトリウムと合わさることで「まろみ」や「こく」として機能する。海塩や湖塩に含まれ、岩塩に塩化マグネシウムが入る例は極めてまれだ。

塩化カルシウム

海塩や湖塩のにがりに少量含まれる成分。水に溶けやすく、溶けた水の凝固点を低くする働きがある。豆腐の凝固剤としても使われる。

その他ミネラル

ミネラルとは岩や土、海水などに含まれる無機質成分。塩化ナトリウムを含む上にあげたすべての成分はミネラルだ。よく「ミネラル豊富な塩」という言い方がされるがそれは当たり前の話。言うなれば「塩化ナトリウム以外のミネラル豊富な塩」というところか。岩塩には少量だが鉄やマンガン、銅などのミネラルを含むものもある。

【乾燥熟成の手順】

塩をあてて脱水する

1. 盆ざるに乗せて ふり塩をする

切った魚の表裏に軽くふり塩(またはうす塩)をする(詳しくはP76、P77を参照)。塩味を付けるわけではなく、主目的は脱水効果なので軽めでよい。表面全体にパラパラと塩が行きわたればOK。

2. 盆ざるに 乗せたまま 置いておく

塩をあてる時間は素材の大きさによっても異なるが、写真のアジならば10~30分くらい。サイズが大きくなるほどその時間が長くなる。作業はなるべく涼しい場所で行うこと。

3. 氷水で塩を 洗い落す

ボールに張った氷水で素材の表面に付いている塩を洗い落す。ボールの中で軽くじゃぶじゃぶと数回ゆするぐらいで余分な塩が落ちる。

乾燥させる前、より脱水を促したり酵素の働きを抑える効果を狙って塩をあてる。塩をあてずにそのまま乾燥熟成に入ることもあるが、塩をあてたほうが内部まで均一に脱水をかけやすい。

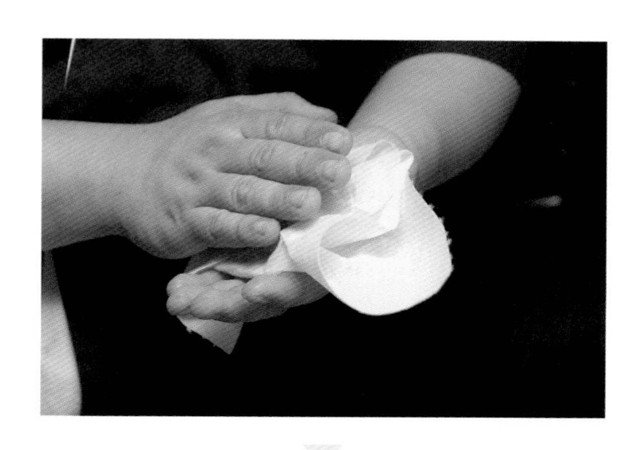

4. ペーパーでくるんで余分な水分を取る

通気性のよいミートペーパーなどで包み込み、身の表面に軽く押し当てて余分な水分を取る。この際、過剰に水分を取る必要はない。表面をカサカサにしてしまうと傷みの原因となる。

5. 盆ざるに皮を下にして置く

盆ざるの上に身を並べて置く。この際、皮を下にして置くこと。ラップもかけず、このまま冷蔵庫に入れて乾燥熟成を行う。このサイズなら1~3日ほどでOKだ。

6. 温度は1~3℃。置く場所で調整

冷蔵庫は場所によって温度が若干異なるがおおよそ1~3℃の範囲で寝かせる。冷風の出る通風孔は、より温度が低く乾燥も進みやすいので、そのことも頭に入れながら置く場所を考えるとよい。基本は3℃で保存と覚えておこう。

【乾燥熟成の手順】

塩水で脱水を行う

ふり塩だと体表の見た目が悪くなってしまうような、イカなどの繊細な食材を用いる場合(白山さんはキス、エビ、ウニなどにも使う)、もしくは直接塩をあてるほど塩分を入れたくない場合は、塩水を使用して乾燥熟成を補完する脱水を行う。

1. 塩分濃度を調整した塩水に漬ける

ボールなどを用い、あらかじめ塩分濃度を調整した塩水に乾燥熟成させたい素材を漬けこむ。少しだけ日本酒を入れると良い。写真のイカの場合だと、4.0~4.5%の塩水に10~20分漬けこむ。イカの厚みや、魚のサイズにより時間は異なる。

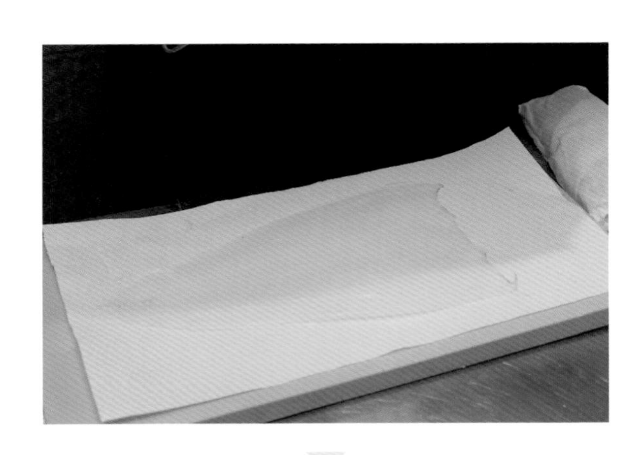

2. 取り出してペーパーにくるむ

ふり塩の時は真水で塩分を洗い流したが、塩水を使う場合はそもそもそこまで塩分が高くはないため、水洗いはせずそのまま通気性のよいミートペーパーにくるむ。

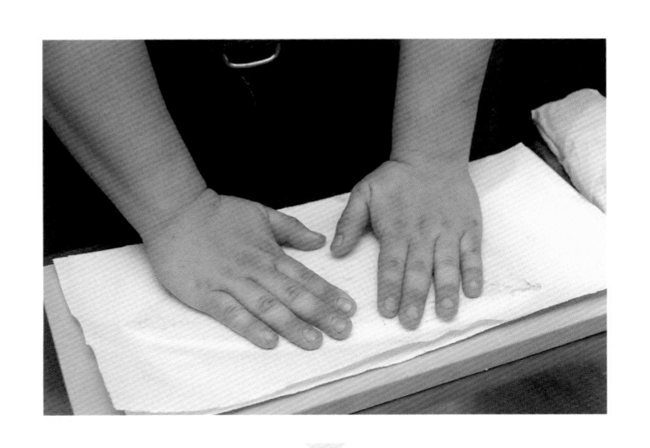

3. 両面ともに ペーパーで 水分をとる

素材の両面をミートペーパーでくるみ、余分な水分を吸収させる。この際、過剰に水分を取り表面をカサカサにしてしまうと、それが素材にとっての負担になるので注意。軽く押し当て適度に水分を取ればよい。

4. 盆ざるに置いて 冷蔵庫で 乾燥熟成させる

盆ざるに置き、そのまま冷蔵庫に入れて1〜3℃で乾燥熟成させる。より乾燥を進めたい場合は冷気の通る通風孔の近くに置くなどし調整する。乾燥熟成させる時間は素材と目指す状態によるが、おおよそ1〜7日（写真のイカの場合は7日ほど）。一晩のこともあれば、一週間ほど寝かせることもある。

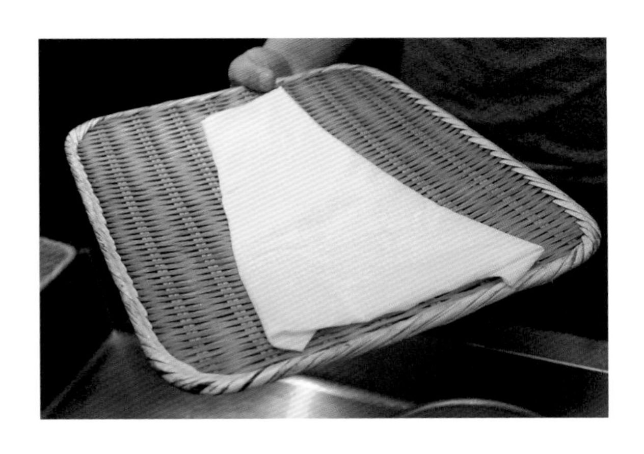

5. 確認をしながら 一定期間乾燥熟成

長く乾燥熟成させる場合は表裏を返しながら状態を確認して進めていく。状態によって乾かしたくない所はペーパーでつつみ、風を当てないように調整する方法もある。白山さんはイカの表面を削いでトリミングしつつ使用する。

塩のあて方
【基本講座】

ここでは塩のあて方の基本を紹介。あくまでも目安なので参考にして自分なりの塩加減をつかんでほしい。いずれも基本はまんべんなく塩をあてること。それができるようになって初めて塩加減がコントロールできる。

魚を熟成させる工程において、塩のはたらきはとても大きい。まず最も重要な効果は、浸透圧差による身からの脱水だ。塩や塩水を身にあてることで、身から水を引き出す効果がある。身に塩が接すると、外側の塩分濃度を薄めようとするはたらきが生じ、身から水分が放出されるという仕組みだ。水分を抜くことにより、旨味を凝縮するほか、腐敗を招く細菌の繁殖を抑えることもできる。さらにはタンパク質を溶かす作用もある（詳しくはP52参照）。また、料理人によっては、旨味成分を塩味により引き立てる効果や、味や香りの変化に作用する酵素にはたらきかける効果も期待して塩をあてることもある。これら塩による効果は、あてる量と時間によって決まってくるのが基本だ。多量・長時間ほど効果は大きく、少量・短時間ほど効果は小さい。この方程式をまずは頭に入れておきたい。

量で素材の着地点をコントロールする

うす塩　わずかに塩がふりかかるぐらい、塩味を感じないぐらいの薄い塩加減。乾燥熟成時における微調整に用いることが多い。

ふり塩　食材にまんべんなくパラパラふる塩加減。ふりムラができると脱水効果にもムラができ、結果として味の均一化が図れないので練習を。

強（ごう）塩　塩蔵熟成で使用。素材の表面が白くなるほどたっぷりと塩をふること。水分を抜いて旨味を凝縮し、保存性も高めることができる。

どぶ漬け　身を完全に塩の中に埋めてしまう処理。短時間で一気に塩をしみこませることができる反面、塩抜きをしないと塩味が強く残る。

どうなるかは素材により変化。自分で確かめる、勉強することが必要

目安

うす塩

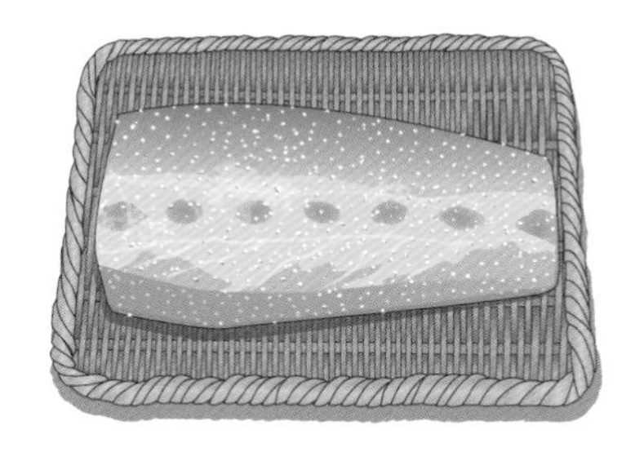

最も薄めの塩加減。これぐらいの塩の量でもある程度の時間あてることで塩の効果は期待できる。

ふり塩

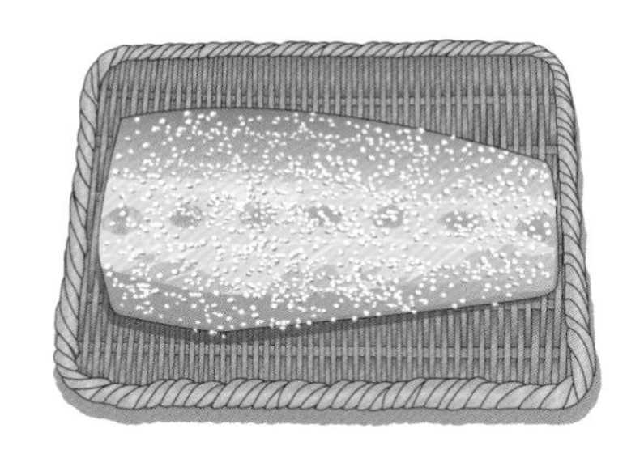

一般的なふり塩の塩加減。左ページ写真のようにふる手を高めに上げ、もう片方の手にあてながらふると塩が均一に広がりやすい。

強　塩

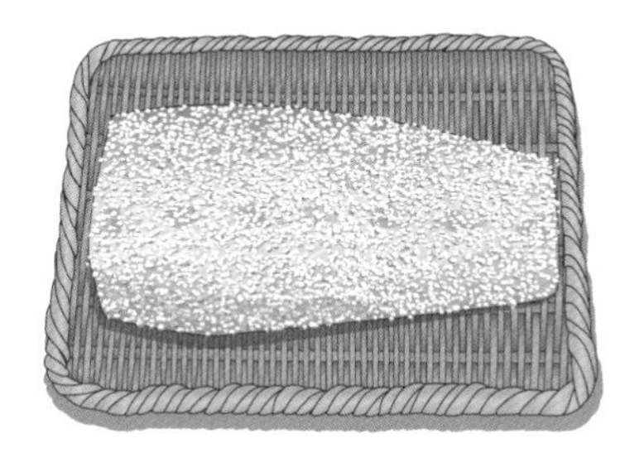

表裏とも真っ白になるぐらい塩を身にまぶした状態に。言うなれば、から揚げ粉をまぶすのと同じような感覚だ。

どぶ漬け

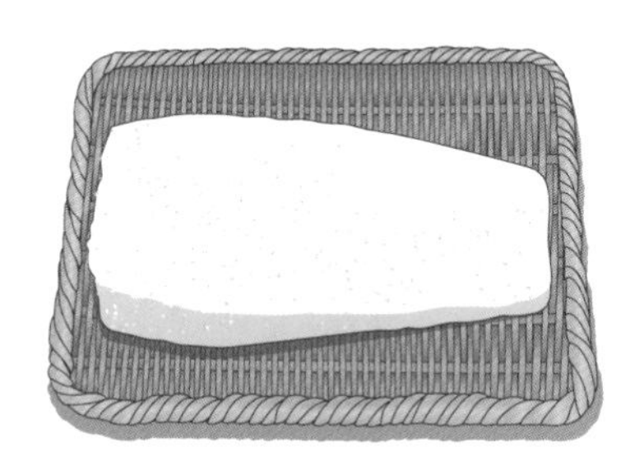

身が完全に塩に隠れて見えなくなるまで周りを塩で固めた状態。塩味は強めに残る。このまま焼く「塩釜焼き」という調理法もある。

白山式

塩蔵熟成

「長期熟成のための手順」

白山式熟成を野球に例えると、酵素熟成は先発で乾燥熟成は押さえのクローザー。そしてこの塩蔵熟成はセットアッパー、いわゆる中継ぎの役割を果たす。なので最初からこの工程を行うことはないし、この工程で熟成を終えるということもない。また熟成期間を長くしない場合は省いてもよい工程でもある。

塩蔵熟成の最も大きな役割は、熟成時間を伸ばすことにある。1〜2週間からそれ以上の長期間にわたって強い塩を浸透させた状態で寝かせることで、タンパク質分解を促進させ、旨味成分である遊離アミノ酸の量を増加させていくのが目的だ。また他の熟成段階よりも強めの脱水を行い旨味を凝縮させるとともに、その間に進もうとする細菌の増殖を抑え、長期間の寝かせに耐えられる素地を整える。さらに、いくつかの酵素のはたらきを抑えることで、旨味・香り・テクスチャーのコントロールを行うこともできるという。

寝かせた後には塩抜きを行う。これにより塩を好む好塩菌の増殖を抑えるとともに、不要な塩味を抜いていく。さらに1〜2日乾燥させてトリミングを行うことで、長期熟成の仕上げ段階となる乾燥熟成に向かわせる素材を作り上げていくのだ。

徹底的に管理された調理場で作業を行う職人はともかくとして、一般家庭で行うにあたり最も魚の扱いには注意したい熟成段階でもある。魚を冷蔵庫から取り出している時間が長いためだ。特に塩抜きの工程での水温管理は万全に行いたい。

【白山式】

塩蔵熟成手順

1. 酵素熟成をさせた魚

白山式熟成の下処理とも言える酵素熟成をほどこした魚を使用。基本的に作業はできるだけ気温の低い場所で手早く行うよう心掛ける。

2. トレーを用意。塩を準備

作業はトレーの中で行う。使う量を考えながらトレーに塩を移す。馴れないうちは、やや少なめにしておき、後から足してもよい。塩蔵熟成はある程度長期間寝かせながらのコントロールになるため、多くの塩を用いることになる。塩の大きさは魚のサイズで使い分ける。大きな魚は粗塩で。このカンパチは粗塩を使用。

3. 着地点を定め、塩の量を調整

菌の繁殖を防ぐための脱水と、塩を嫌う菌の排除、そして酵素のはたらきを抑制するためにも、魚の身全体をまぶすように強塩をあてることが多い。もちろん狙った味、香り、テクスチャーを出すために経験的な調整を加えている。

白山式
塩蔵熟成手順

4. 塩をあてた状態で放置

塩をあてた状態で1時間ほど冷蔵庫(3℃)で保存。盆ざるの上で寝かせて塩を身の中にまでしっかりと馴染ませる。扱う身が大きいほど長めに寝かせる。これにより表面には塩味が入るが、芯には入らない。

5. 水で塩を洗い流し、ミートペーパーでくるみ熟成

表面の塩を15℃以下の水で洗い流し、ミートペーパーでくるんで盆ざるの上に置き、そのまま冷蔵庫(3℃)で寝かせる。酵素熟成のようにラップに包むようなことはしない。このまま1~2週間、最終的な着地点から逆算して塩蔵熟成を行う。

6. 熟成後、塩抜きを行う。水温の管理

塩蔵熟成の寝かせを終えたら、身が丸ごと入る大きさのボールに水を張り、塩抜きを行う。この際、まず大切なのが水温の管理。ここで高温にさらしてしまうと傷んでしまうので慎重に。水温計を用いて10~15℃を保つ。

7. 水温は氷などで調整する

作業環境により水温が上がってしまう場合は、氷を入れて水温を調節する。同時に塩分濃度を1.2%~1.6%に調節。正確を期すために、水温計とともに塩分濃度計も用意したい。

塩分濃度計

8. 水温、塩分濃度を管理

身を丸ごと浸して塩抜きを行う。写真ぐらいの大きさの身ならば40分ほど水に漬けておく。この間、水温が上がっていないかこまめにチェック。正しく塩抜きを行うことで好塩菌の繁殖も抑えることができる。

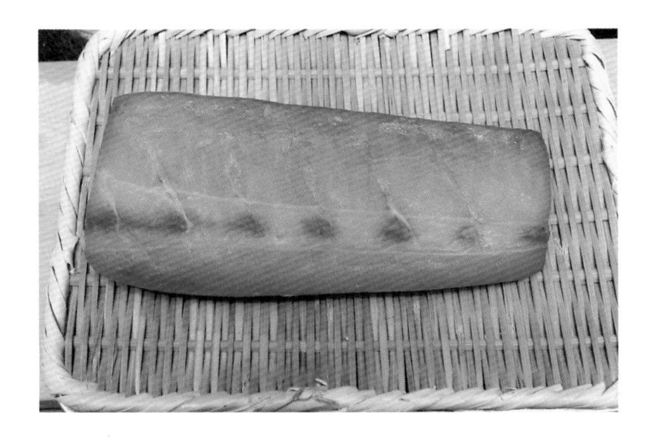

9. 塩蔵熟成の完了

取り出した身を盆ざるの上に置き、ミートペーパーで軽く拭いてから冷蔵庫の中で1~2日乾燥させる。その後に傷みが気になる箇所を包丁でトリミングする。ここまでが塩蔵熟成の工程となる。この塩漬け、塩抜きは何度か繰り返す場合もある。その後、乾燥熟成へ。

熟成魚と包丁。

「切れ味を探求せよ」

白山 洸

熟成魚を追求し続ける白山洸は、包丁にもこだわる。
素材、タイプ、そして研ぎ方。すべては美味しさの追求のため。
「切れ味」の本当の意味を理解することで、
熟成魚への探求の深さが知れた。

求めるのは徹底的な刃先の鋭さと滑らかさ、そして切れ味——。

白山洸さんはひとつの包丁を研ぎ上げるのに人造砥石6つ、天然砥石1の合計7つを使う。料理人の腕の一環として研ぎ方を名高い達人に学び、今も鍛練を重ねている。

「正確に言うとふたつは形を戻すための砥石ですから、一本の包丁を研ぎ上げるのに5種類使います」

世間一般に言われる「切れる包丁」も、その多くは電子顕微鏡で見ればノコギリの刃のようにギザギザしているのだという。

「ノコギリのような刃は食材への食い込みがよく、スパンスパンと心地よく切ることができるので作業効率が上がります。『切れている感』がすごいので。ただ、私が求めているのは作業効率の良い包丁ではなく、切ることによって味が確実に良くなる包丁。刃の状態をたとえるならノコギリではなく剃刀。天然砥石でバリを完全に落とした仕上げです」

そう語る白山さんの言葉に、気になるフレーズがあった。「味が確実に良くなる包丁」とは……?

文頭で何気なく用いた「切れ味」という言葉。白山さんに言わせれば、それはそのままの意味だという。

「切ることより出来上がる味、と言う意味です。日本人独特の表現ですが、言い得て妙ですよね」

たとえでも比喩でもなく、白山さんは切ることで味を引き出す。切れ味への探求はどこまでも深い。

鋼の包丁

研ぎ上げれば剃刀の刃先を得られる鋼の片刃。切ることで食材を酸化させ、切断面からの揮発とともに香りを立たせる。絶妙な舌触りも研ぎ上げた鋼ならでは。

ステンレスの包丁

酸化を促進しない分、鋼よりも熟成魚のトリミングに適する。だが特有のキレート効果により、切るたびに魚の香りを消してしまうことも頭に入れておきたい。

「香りをたたせる。身を閉じる。開く。素材のコントロールは包丁でも出来る」

「たとえば……」と白山さんが例に挙げたのはタマネギを切る話だった。
「一般的に、切れる包丁でタマネギを切ると目が痛くならないと言われていますよね。切れない包丁だと切る際に細胞をつぶしてしまって、目を刺激する成分が揮発するから目が痛くなるのだと」
　ここまではよく聞く話。だがその先を気にしたことはなかった。白山さんは続ける。
「では、切れると言われる包丁だと、なぜ目が痛くならないかわかりますか?」
　切れない包丁のように細胞をつぶさなかったとしても、それを避けながら切ることはできないから、細胞を切っていることは確かだ。揮発性のある成分はなぜ切断面から出てこないのだろう。
「切りながら細胞を閉じているからです」
　細胞を閉じている?　聞けば顕微鏡写真などを用いて刃物の切れ具合と切断面の研究をしているグループがあり、彼らによると「切れる」と言われる包丁は切った瞬間に細胞膜で断面を閉じているからなのだという。のし餅を切ると断面が閉じることがあるが、あんな感じだろうか。
「ピタッと閉じているから目は痛くなりません。ただ、タマネギって辛いから水でさらしますよね。水に浸すと細胞膜が開いて辛みやアクが水に溶けていくから、辛さは取り除くことができます。でも同時に旨味も流れ出てしまっているんです」
　では、「切れる」と言われている包丁よりもさらに切れる剃刀のような包丁ならどうか。白山の使っている鋼の片刃ならば。
「実はすごく目は痛くなります。サーッと切ると細胞の断面が開きっぱなしになり、刺激成分が揮発します。でもそれがいわば『辛み成分』のようなもので、ある程度揮発すると表面の水分が抜けて乾燥しますから、閉じるんです。旨味は残ったまま辛みの抜けた、水にさらさなくてもよい食材が出来あがるというわけです」
　切ることで身を閉じる、開く。いずれも初めて耳にする概念。そしてこうも言う。
「鋼は切ると食材を酸化させます。それで香りを立たせることもできます。逆にステンレスは香りを取り除きます。素材で熟成コントロールすることもできます」
　まさに「切れ味」。熟成魚をはじめ、素材のコントロールは包丁でも出来るのだ。

浸透圧の基本

熟成のために多用する「塩」。塩は様々な作用があることに本書でも触れてきたが、その力を最大限に発揮するために、押さえておきたい重要な基本がある。それは「浸透圧」の仕組みについてだ。

基本は単純なので長々と書く必要がないが、これだけは必ず理解しておく必要があると言える。

「濃度の異なる液体は、半透膜を挟んで水分が薄いところから濃いところに流れる」

という大原則だ。

半透膜という言葉がでてくるが、これは血管や細胞膜などの隔たりとおおまか覚えておくとよい。

簡単に解説すると、まず、魚の血液などを含む体液の濃度（電解質濃度）は0.9%とされている。おおよそ1%前後と覚えておけばよいだろう。

では魚が持つ水分を、半透膜を経て排出させるためにはどうすればよいのだろう。単純に言えば体液の電解質濃度を超える液体、もしくは塩そのものにあててやればよいことになる。つまり0.9%以上の塩分濃度に漬ければ良い、ということになる。

塩を直接あてることで、当然ながら塩があたった部分、水に溶けて広がった部分は膜を隔てて体液の塩分濃度よりも濃い状態になるので、中の水分は外に排出されることになる。これは濃度の高い塩水でも同様の効果がある。

この原理を正しく理解していれば、どのように使うべきかという応用が効くはずだ。塩でよければ、砂糖ならどうなるのか。濃度の高い塩水を血管に注入するとどうなるのか? などなど、研究すべきことが増え、それがどのように味に影響を及ぼすかを経験的に知識として蓄えていくことができるだろう。ちなみに、津本さんが水道水の注入を推奨するのは、魚の血管内の赤血球が浸透圧の原理で溶血することを知っているからだ。

一例だが、本書でプロの料理人として熟成術の基本を監修してくださった「熟成鮨 万」の白山洸さんはこんな話をしてくださった。
「塩を直接あてて脱水する方法もあるのですが、塩水などでそれを行う技術も当然あります。原理は同じです。体液よりも濃い濃度の塩水に浸すことで脱水を促すのですが、放置しておくと旨味まで水に溶け込むこともあります。ほかには、醤油ダレなどに身を漬け込みすぎると、カチコチになるのも浸透圧の効果です。適切に調整して、状態をコントロールしていくのが技術のひとつでもあります」

本書でも、どれぐらいの量の塩を使うと、どんな効果があるのかという解説を少しだけ行っているが、あくまで目安だ。

魚の個体やサイズ、種類によって使う塩の量はもとより、あてておく時間、なにより人の舌の好みによっても加減を変える必要がある。塩を直接あてるか、また、塩水で処理するかでも変わってくる。それどころか、塩を用いるべきか否かについての判断も必要になってくる。これは経験によって調整できる知識、技術といえるだろう。
「塩には余分な水分を排出する作用と同時に旨味成分との相性が良く、曖昧な旨味と寄り添ってしっかりとした味として際立たせる相乗効果もあります。その塩梅が美味しさのキーポイントとして大きな役割を果たしています」

本書の監修を務める、保野淳さん（西新宿sushi bar にぎりて）も、塩の扱いに注力されている料理人のひとりだ。
「塩梅のお話ついでに、シャリありきで手当てした寿司種と、切り身単体でいただく刺身では同じお魚でもそれぞれ塩のあて方など手当てを変えるのが相応しいわけです。お店にもよりますが、寿司種と刺身は違う処理かもしれないということを知っておくとよいかもしれません」

料理の仕方によって千差万別だが、浸透圧の原理について理解を深めれば、こういった料理にあった調整もできるようになるだろう。

魚を締める意味

伸びる熟成を行うために

魚を釣った後、獲ったあとの締め方についてはしばしば論争が起きる。だが、生態学的に魚の鮮度状態を正しく保つ手順というのは、そう多くない。

今回は、その手順と、なぜその方法が最適なのかについて解説していきたい。ある意味極論で、美味しさのある一面にこだわった話なのでそこはご理解いただきたい。

まず、締める話に入る前に、根本的に魚の体力をなるべく奪わない釣り方、漁法が可能であれば心がけたい。釣りならば、魚が弱る前に可能な限り一気にランディングする。漁も理屈は同じで、魚が生きて、なおかつ弱らない漁法が望ましい。

まず、生きている魚の場合、余計な体力を消費させずに、即殺する。これが最も合理的な締め方だ。「脳の破壊により苦しませずに締めたい」。常々津本さんが語る言葉だが、感情的な部分を除いても非常に合理的だ。本書ではこれを「脳締め」と呼んでいる。これにより、魚の旨味の元であり生命活動エネルギーとなるATP(アデノシン三リン酸)の消費を止める。脳締めは、たとえるならエネルギーを浪費する蛇口を締める作業であり、非常に重要だ。

以上を考えると、エラだけを切り、いけすなどで心臓の力で放血する方法があまり良くない理由もわかるだろう。

そして、次に行いたいのが「神経締め」だ。脳の破壊による「脳締め」とは別の作業なので、混同しないこと。

脳を破壊して生命活動を停止させても、神経は生きている。神経の活動も脳を締めておけばやがて停止するが、しばらくの間活動している。このしばらくの間活動していることがネックなのだ。蛇口は締めたが少し漏れている状態を、しっかり締めることで漏れをなくす。これが神経締めの意図だ。

よく、神経締めを先に行うことを推奨する記述を見るが、生きている状態で神経にアクセスするとどうなるだろうか。魚には痛覚はないとは言われているが、非常なストレスを受け、ATPを浪費してしまうことになる。つまり、「脳締め」の後に「神経締め」という手順を踏むのがベストだ。

その部分を考えると、「神経締め」は最善を尽くすならばやったほうが良い作業だが、優先すべきは「脳締め」で、「神経締め」は最悪省いても問題ない。

では、例えば、釣ったり獲ったりした魚を氷水のボックスなどに締めずに収納して、持ち帰る方法はどうだろうか。ゆっくりと氷温で絶命、あるいはギリギリ、生きたまま持ち帰ることもできるかもしれない。だが、それは好ましくない。じわじわと生命力を絶命するまで必死に消費して死んでいくので、状態がよくなくなるのは当然の結果と言える。ある意味、ATPが消費されスカスカになってしまう。体力を回復する手段があれば、ATPは循環回復していくが、そうでなければ消費されていく一方だからだ。例えば、生簀などで釣ったり獲ったりした魚を生かし、運ぶ「活け越し」などは、適切な設備があれば魚の体力の回復に寄与する。つまりATPの回復にもつながる。

1 脳締め

魚の脳の部分をピックやナイフで刺してひねり絶命させる。ATPの消費の根源を断つ。

2 神経締め

背骨の上側に通る、神経の束をワイヤーやノズルなどで破壊する。これにより、ATPの小さな消費漏れを止める。手順を間違えないこと!

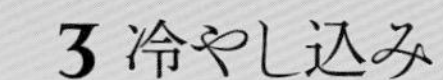

3 冷やし込み

釣ったり獲った魚を水で芯まで冷やしこむ。凍らせないこと。5~10℃推奨。10~15分。

4 保冷

保冷剤や氷の入ったクーラーなどに水冷した魚を移す。なるべく魚を圧迫せずに丁寧に持ち帰る。

正直なところ漁場では、活け越しはもちろん、神経締めはおろか、脳を締めるなんて手間がかけられない場合がほとんどだろう。氷温でいきなり保存することが大半かもしれない。それが常識とされる中、魚を締める、その手間を惜しまず、市場に魚を届ける漁師もいる。

「徐々に増えてきました。そこまでやってくれる人は少ないですが、明らかに魚の状態は良いですね!」

津本さんが通う宮崎の魚市場にはTSと箱にマジックでかかれた魚が並んでいることがある。「津本締め」のことらしく、津本さん推奨の締め方で処理された魚のようだ。

さて、話を戻そう。「脳締め」「神経締め」の手順を踏んだ後に、重要になるのは、魚の冷やし込みだ。

「氷だけのクーラーに魚を入れて、冷やしても魚の芯まで冷えるのは大変。効率がいい冷やし方は、氷水に入れること。これで魚の身の芯まで冷えてくれる。冷やしたら、取り出して、そこから保冷できるクーラーに入れ替える」

水温は冷えすぎない5~10℃前後を推奨。津本さんによると、塩水の場合、水温が0℃以下になることがあり、魚は凍ると身質が落ちることから注意が必要だ。また、なるべく死後硬直を起こしたくないことから、冷えすぎる温度も良くない。ちなみに神経締めをしていると、死後硬直を起こしにくくなる。

また腸炎ビブリオなどの細菌が15~17℃を超えると生きているため、死滅させるためにも低めの温度が良い。

締めた後に氷水にいれっぱなしもP86の「浸透圧の基本」を理解すれば海水魚であろうが、淡水魚であろうがよくないことが理解できるはずだ。

まとめると、「脳締め」は必須。「神経締め」はやれればベスト。「冷やし込み」は必須、「保冷」も必須ということになる。

保冷の方法、持ち帰りの方法にも注意が必要。魚は桃やバナナを扱うように取り扱いたい。身が圧迫状態になったり、折れ曲がった状態で運搬すると身割れや、圧迫による傷みが現れ、身質が落ちてしまう。

こだわる人は、クッションやスポンジなどを挟み込む気遣いをする人もいるぐらいだ。

「可能であれば、大きな氷に直接あてたりしたくないですね。鮮魚店でゴツゴツの氷の上に、無造作に魚置いてたりするでしょ。あれとか実は最悪なんですよ(笑)。魚の扱いをわかっていない。そういう気遣いができるようになれば、もっと美味しい魚が食べられるんですけどね」

全てを実践できるわけではないだろうが、ポイントを理解して取り組めば、より状態の良い魚を手に入れることができるはずだ。

本書で津本さんに語っていただいた「目利き」は、そういった部分を含め良い状態の魚を探す知識でもある。ぜひ、あわせて活用してほしい。

革新的な鮮魚保存技術として、確立されつつある津本式。開発者であるご当人、津本光弘さんだけでなく、研究者や料理人によって、その技術の有用性が広がりつつある。

コスト的、技術的にはアプローチしやすい津本式ではあるが、実は「正しい技術と正しい知識」が非常に大切だ。それは食の安全性に直結するからだ。いかに優れた技術であっても、間違った利用法が広まると、それは衰退につながる。

開発者の津本光弘さんは、自身のyoutubeチャンネルで情報を常に発信し続けている。簡単に有益な情報を取得できる環境にある反面、情報を得た人すべてが、正しい技術で津本式を行えるわけではない。

本書でも解説してきたが、保存術としての側面だけでも、正しく運用すれば有用であることが、研究機関などにより証明されつつある。

津本式はある意味、今までの常識を覆す革新的な技術だった。伝統的な料理人の常識を覆すものでもあったかもしれない。

そんな非常識とも思われてきた技術がマヤカシでないことは、大学などの研究の成果はもちろんのこと、その魚を食べた人たちによって証明されてきた。

「魚を水でジャブジャブ洗うなんて、非常識だ。水を入れる? 魚が水っぽくなるに決まっている。魚が台なしだ。旨味が抜ける。

津本式と熟成魚の可能性

血抜き？　血が美味しいんだ！」

　批判にさらされることもあったが、ほぼすべてが、きちんとした理論で説明できることが証明されてきた。なにより食べた人、扱った人が証明してきた。

　この特異な保存力は、今までででは簡単には実現し得なかった「魚の熟成術」の開発に貢献した。鮮魚の保存術として特化した津本式の仕立て方は、魚が持つ新たな扉を開いたと言える。

　熟成された魚の味が絶対だという意見は確かに狭量だ。そこは個々の好みだが、今までその味に到達し得なかったことを考えると、探究心のある料理人ならば、追求の対象として試す前に排除する選択肢はないはずだ。津本式によって生まれた「熟成魚」は間違いなく、「新しい食材」だからだ。東京都西新宿に店舗を構え、津本式を早くから調理の技術として取り入れてきた「sushi barにぎりて」のヘッドシェフ保野淳さんはこう語る。

「寿司や刺身の生魚と離れて、例えば火を通したフライ。津本式を経て、熟成させたお魚を使ってみてください。今までとは印象の違う料理になります。火を通すのが熟成魚の真骨頂とおっしゃる方がいるくらい、可能性は広がっています」

　現在、その可能性に気づき、日夜その可能性を追求している料理人はまだ多くないが、その可能性を知るにつれ、そういった研究を重ねる人たちは増えつつある。

　そう、未開拓の分野だ。それだけでも可能に溢れている。本書では手始めに、熟成魚を活かす料理のレシピをほんの触りだけお伝えしている。既存の料理も、ガラリと装いを変えるのが熟成魚だ。当然、扱い方も鮮魚の常識とは異なる部分も多い。

　さて、津本式そのものに話を戻そう。津本さんは自身の手法が、ある分野と非常に相性が良いことを常々発信している。

「養殖魚は、“天然魚に比べて”、価値がないと思われがち。だけど、津本式で変わる。そもそも養殖魚は、安定した品質がうり。僕の処理した養殖のイサキや、養殖淡水マス。それを食べて養殖魚やって気づく人はほとんど居ない。それどころか美味しいって喜んでくれる」

　その可能性を見出し、津本さん自身もブランドとなる魚をプロデュースし、販売もしている。それを扱う料理人も、そのクオリティに舌を巻く。

　天然魚を食べ慣れた人でさえ、言われても気づかないくらいのクオリティなのだ。わずかに香る養殖魚の独特の匂い、臭みが血抜きにより見事に見当たらないのだ。

　魚食の追求という可能性でも、熟成をはじめとした様々な選択肢が生まれるきっかけとなった津本式。

「天然魚、高級魚、ウソの旬。そんな言葉に惑わされて、美味しくない魚をありがたがったらダメです。正しい知識を得れば、魚そのものの資源保護にもつながります」

　そういった価値の垣根を、ならしてくれるのが津本式でもある。ぜひ、その可能性を体感して欲しいところだ。

天然魚は「目利き」ありき。津本式により光があたる養殖魚。

伸東ヒラメ

伸東養魚有限会社（http://www.shinto-fb.jp/）。静岡県湖西市の生産者。津本式を早くから取り入れ、実践している。「ヒラメフィレ」はその中でも人気商品。

津本式の処理の良さを理解した人が口々に語るのは、主役と言える保存力よりも、魚の味の向上についてだ。津本式が普及する以前にも、魚の血抜き技術に関しては研究され、血抜きによる食味の向上については、認める人が多かった。

津本式は血抜き技術の中でも特に、その血抜き精度が高いことで知られているが、血が味覚に及ぼす影響が顕著に減少するため、今まで食用としては価値の低かった魚が化けると言われている。

天然魚に“比べて”、一般の常識では養殖魚は劣ると言われることが多い。しかし、津本式の血抜き技術の出現で、その差が縮まるどころか、ひっくり返ったとも言える事例も増えてきた。本当に美味しい天然魚は、「目利き」が必要だし、市場に出回りにくく高価だ。

しかし、養殖魚はコンディションが比較的高くコントロールされており、かつ津本式でそのデメリットの多くが排除される。

もともと、美味しさにこだわりが強く養殖されてきた魚も多く、そういった研究熱心な養殖業者のいくつかに、津本式という仕立ての手法が目にとまったのだ。

静岡県の浜名湖の豊富な地下水と良質な白身魚を与える給餌法を武器に、高品質なヒラメを生産してきた伸東養魚有限会社の徳増邦彦さんは、2019年の春に津本式の存在を地元で懇意にしている飲食店から知り、そのポテンシャルの高さに注目したという。

「津本さんご本人が開催している技術公認試験を2019年に受け、公認技師の資格をいただきました」

そこから、自身のブランドである「伸東ヒラメ」を津本式・究極の血抜きで仕立て、販売することになったのだが、今ではそれがヒット商品になっている。

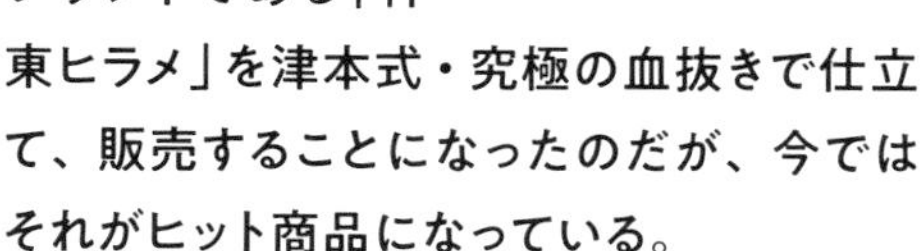

「今まで、魚の賞味期限といえば短いのが当たり前でした。ですが、津本式で処理をすると最低でも5日は問題なく刺身で食べれるばかりか、旨味が増しています。そういう側面もあり、沖縄や北海道などのお客様からの引き合いが増えてきましたね。中部地域から沖縄などは、発送してから早くて、中1日、届いた頃には3日目。津本式で処理していないと、日持ちしないのですが、そこからさらにプラス2日は最低でも保存できます。ちなみに、安全マージンをとって賞味期限は5日とさせていただいていますが、このような地方への発送は、今までにあまりなかったことです。一般のお客様にもご好評をいただき、5枚におろした『ヒラメフィレ』と呼んでいる商品は人気ですね」

精度の高い津本式で食の安全にも留意しつつ、新しいブランドとして津本式の保存力をうまく活用して販路を見出した好例だ。ただ、日持ちするだけではここまでの評価は得られない。

正しい熟成術を用いることで、可食期間を伸ばし、さらに旨味を増す食材でもあるのが、人気の一因と言えるだろう。

そして、その伸東養魚場に影響を受け、津本式の導入を決め成功している養殖業者がある。養殖業が盛んな愛媛県、西予市でマダイや伸東養魚場と同じくヒラメの養殖を手がける赤坂水産だ。津本式導入の取り組みに積極的なのは、同赤坂水産の赤坂竜太郎さん。

赤坂水産は、専用の高機能な活魚車を自社で備え、養殖した魚の活魚運搬などを行ってきた会社だ。つまり、一般的に鮮魚の最高峰でもある「活魚」の状態を、顧客に届けられる生産者ということになる。

「津本式を知ったのは2019年秋のジャパン・ナショナル・シーフードショーですね。浜名湖の伸東ヒラメの徳増さんとSNSで繋がって情報交換。実は、津本式を少しだけ勉強して、ウチの魚(マダイ)で食べ比べしてみたんです。技術的な未熟さもあって、刺身の状態では『アレ?大して変わらない?』と、なったんですけど、火を入れたり、煮たりして食べ比べたら、明らかに美味しくなっているんです。未熟な津本式でコレなら、ちゃんと覚えたらどうなるんだろう?って。その後、僕自身も公認資格を頂くまで勉強させていただいて、実践。それをお客様に提供するまでになったんですが、特にプロのお客様からの評価が変わりました」

例えば、白寿真鯛。食べさせる餌にセサミン配合のドライペレットなどを与え、身質の管理には徹底的にこだわってきた赤坂水産。活魚の評判も良く、いまでも活魚の出荷が大半を占める。

しかし、津本式を学び、その処理を行った魚を商品ラインナップに加えた。津本式を知らないお客さんからすれば、鮮度状態では活魚に劣るわけだが、販売を開始したところ、特にプロのお客さんからの良い評価が増えたという。

まだまだ、津本式という技術は一般のお客さんには浸透していない。つまり、活魚状態の魚を求める方が多いという現状がある。それに、美味しさの違いを知ってもらうためには、仕立てる人が津本式を、調理する人が熟成方法をしっかりとマスターする必要がある。

「美味しさの面、輸送コストの面などを考えると、津本式を推奨したいのはやまやまなんですが、きちんと仕立てるには技術や手間が必要です。現在、処理を行えるのは僕を含めて2人。せいぜい1日、100尾程度の出荷に止まっています」

プロの魚の作り手が、注目している津本式。養殖魚は餌由来、環境由来の独特の臭みなどが気になるという人も多かった。だが、そういった臭みも、血をしっかり取り除くことで、かなりの割合で取り除かれるのが津本式の利点だ。そういった面でも、非常に相性が良く、価値を高めている。味が良くなり、鮮度状態のコントロールがしやすくなる。

これは養殖魚の流通だけでなく、通常の天然魚の流通にもプラスとなる。環境が良く、質の良い魚を地方で育てているそんな生産者にとっては、流通時の鮮度コントロールは悩みのタネ。そういった側面からも津本式の可能性を見出せないだろうか。

白寿真鯛

赤坂水産(https://akasakasuisan.co.jp/)。愛媛県西予市を拠点とする生産者。ブランドとなっている、白寿真鯛、横綱ヒラメなど質の良い養殖魚を販売している。

熟成魚の切り身サンプル

津本式で熟成魚を仕立てる方の不安といえば、やはり、魚の状態が腐敗ではなく熟成に向かっているかどうかだと思います。SNSなどの熟成魚のグループにコンタクトできる方なら、質問を投げかけることもできるかもしれませんが、それが難しい方もいらっしゃると思います。

そこで、この章では津本式で処理したのち、寝かせることで起こった魚の変化をサンプルとして掲載しました。熟成時の参考にしていただければと思います。

基本的に、熟成臭と腐敗臭は異なりますので経験を積めば「匂い」で魚の状態を確認することができます。ですが、熟成は腐敗とも言え、その線引きは難しいとも言えます。

表面的な腐敗の場合は洗い流すことやトリミングすることで、可食部を確保することができます。

腐敗しているか、正しい熟成が進んでいるかを確認するもうひとつの手段は、「味」です。

初期熟成で出現するイノシン酸と中期から長期の熟成で出現する遊離アミノ酸類の味は明確に違いますので、まず、その味の状態で熟成の度合いを測ることが可能です。両方の影響を受けるタイミングももちろんありますし、逆にそのどちらの旨味成分も出現していないタイミングもあります。

そして最も注意したいのが、ヒスタミン産生菌などによる影響が見られる事例です。万が一、口に入れた際、ピリリと舌に刺激が感じられた場合は要注意。万全を期して、その魚は食さずに破棄してください。ヒスタミンの影響下にある魚は生食はもちろん、加熱処理をしても食べられません。

津本式は確かに、今までにない鮮魚保存を実現する仕立てではありますが、単純に腐敗の原因となる要素を極力排しただけで、腐敗しないわけではありません。

正しい知識と、技術がなければ食中毒を起こす危険は十二分にあることを認識し、慎重に活用していきましょう。

熟成魚の切り身サンプル

カンパチ

長期熟成をさせやすい青物代表

釣り人にも人気の対象魚。寿司ネタとしても重宝されることから、扱う機会の多い魚といえる。大型ということもあり、処理しやすく、なおかつ長期の熟成にも耐える種類ということもあり、津本式のイロハを覚えるにはもってこい。※本文右段の切り身は8ヶ月熟成のカンパチ(宮崎・ゆう心)。

今回のサンプルは津本光弘さんにより仕入れられ、未処理のまま発送。魚市場より翌々日に東京到着、撮影協力者の保野淳公認技師による津本式処理を即日行うという手順でサンプルが作成されている。また、ほぼ同程度の個体を2尾用意し、1尾は片身を即日おろして撮影。5日後にもう半身をおろして撮影。残りの1尾も同様に津本式処理を即日行って、15日間寝かせておろし、その状態を撮影している。以下、カンパチ、イシダイ、スズキ、イサキも同様の方法で処理し、撮影している。

処理初日

実は1本目の魚、つまり処理初日と5日目の魚には内部のうっ血が確認された。あまり時間を掛けずに処理して状態を確認することになった。血は抜けているがうっ血のため身が赤くなっている。内部のうっ血は外に出ないこともある。

処理５日後

1本目のうっ血が見られた魚ということもあり、 赤みが増している。こういった魚は、伸びにくい(熟成させにくい)。サンプルとして敢えて採用させていただいた。

処理15日後

こちらはうっ血の少なかった2本目の魚。比較してもらうと分かるが、 うっ血している5日目の魚より、 状態の良い魚は保存状態も良い。身質もよく処理によってはまだ伸びる魚になっている。

熟成魚の切り身サンプル

イシダイ

特有の磯臭さも津本式なら皆無!

磯の王者として、釣り人にも人気。憧れの魚として羨望を受けるイシダイ。非常に美味だが、季節により磯臭さが気になる人も多い。しかし、血抜きによりそういった臭みが取り除かれることもあり、刺身で良し、火を通して良しの、素晴らしく繊細な白身の魚として生まれ変わる。特に、あっさりとしていることから、寝かせる、もしくは熟成させることで風味が増し、美味しくなる魚だ。津本式で化ける魚のひとつ。

マダイの仲間は比較的長期の熟成には技術がいるが、イシダイはスズキ目イシダイ科でマダイなどと異なり比較的熟成させやすいと保野さんが解説してくれた。津本式をしっかり施せば、比較的長期の熟成処理が可能な魚種だ。

処理初日

サンプル的には、宮崎県の魚市場で買い付けて即日発送、翌々日到着からの処理ということで早くても死後3~4日目程度のスタート。身のみずみずしさ、ハリはしっかりとしている。

処理5日後

魚臭さも、 腐敗による臭みも皆無。熟成により水分は幾分抜けている。視覚的にはやや赤味は増している。腹身の脂は酸化して劣化の恐れがあるために、トリミングした。旨味はあるがまだ味が若い印象。

処理15日後

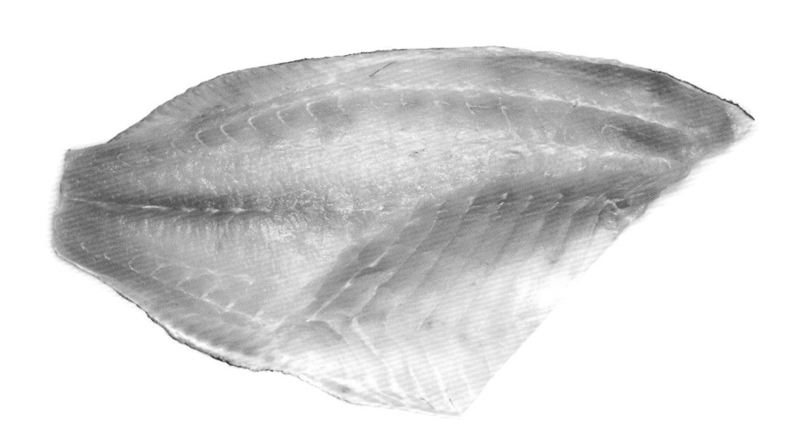

5日後より、水分がしっかり抜けて、中期熟成状態に。遊離アミノ酸類、グルタミン酸の旨味がしっかりと現れており、 熟成魚としての個性が出ている。身は柔らかくなっているが、色はまだしっかりと残る。

熟成魚の切り身サンプル

スズキ（ヒラスズキ）

白身魚の高級魚。価値のある美味しさが魅力

日本の市場に出回るスズキの仲間はそう多くない。主だったところでマルスズキ、ヒラスズキ、ホシスズキ（タイリクスズキ）の3種。今回はその中でも食味が良いとされる、ヒラスズキをチョイス。

スズキ類は比較的プレッシャーに弱い魚で、良い個体の見極めは難しい。暴れたり強いストレスを受けると、身が赤く鬱血しやすくなり食味を損なう。精神的ストレス（?）だけでも味が落ちる魚種だ。市場で購入する場合は、本書の目利きの章をよく読み、状態の良い魚を探し出そう。

釣り人や漁師も早い段階での脳締め、神経締め、冷やし込みの3点処理を行うことで状態が格段によくなる。

そんなポテンシャルの高い個体を、津本式で処理すると驚くほど繊細で風味溢れる白身の魚として、舌を楽しませてくれる。

処理初日

津本さんが非常にポテンシャルの高い極上のヒラスズキを送ってきてくれたこともあり、処理後も状態は完璧。鬱血も少なく、みずみずしい状態が確認できた。コリコリを味わいたいならこのタイミング。

処理5日後

鬱血が激しいと、赤味が増し劣化も早くなるので注意。本個体は状態も良かったことから、色味も身もやや水分が失われた感はあるものの、良好な状態を保っている。香りも不快さはなく、腐敗状態とは程遠い。

処理15日後

より水分が抜け、食べごろに差し掛かった状態。5日目にくらべて色はくすんでいるが、処理の方法次第でまだ熟成が可能だ。調味料を使わなくてもしっかりと旨味が感じられる。

熟成魚の切り身サンプル

イサキ

上品で味わい深い白身がより濃厚に！

津本さんの住む宮崎県では晩春に旬を迎えるイサキ。津本式の処理はもちろん、寝かせ、発酵熟成、乾燥熟成、塩蔵熟成を行いやすい教科書的な魚だ。写真は天然魚だが、養殖のイサキも人気。津本式で養殖魚は天然魚にも負けず劣らずのクオリティになる。天然魚の旬は短いが、養殖魚はそれよりも状態の良い時期が長いのも特徴だ。

寿司ネタにしてよし、焼いてよし。津本式を実践してみたい方は、ぜひ、鮮魚店でまずイサキを購入してみよう。釣りでも人気なので、鮮度が良いイサキはキモまでフル活用しよう。ちなみに、夏場までは津本さんご自身がネットを通して販売されているので、それを手に入れて熟成にトライしてみるのも良いだろう。

処理初日

前日、もしくは夜に漁で捕獲され市場に運ばれていた場合、処理をお願いした西新宿「sushi barにぎりて」に届いたのは死後最短で3〜4日目。処理を受け、臭みもなくみずみずしい。

処理5日後

魚そのもののポテンシャルがない場合は、5日目くらいから大きな変化が見られるが、ご覧のようにやや水分が抜けてはいるが、鮮度状態は良好。まだまだ若く、もう少し寝かせたいというのが本音。

処理15日後

2週間以上の場合は、やはり寝かせるにしても途中の手入れが必要。「にぎりて」保野さんの手でケアされて、状態としては良好。食べるとやはり遊離アミノ酸系の旨味を感じる。このあたりをゴールとして熟成処理をしていれば、より美味しさが増していたはずだ。

熟成魚の切り身サンプル

マダイ

ポピュラーで万人に愛される上品な白身魚

ここからは、津本光弘さん本人の処理後、宮崎県より発送。首都圏に送られた後、一般家庭にある通常の冷蔵庫を用い、白山式で保存、熟成した状態をサンプルとして紹介。輸送に関しては、処理後、ミートペーパー+保護紙+ビニール+脱気梱包。それを発砲スチロールに氷を入れ通常梱包。宮崎県より中1日後に到着といった流れになっている。なお、撮影は真夏に行った。

一般流通に乗せて、プロの手でない処理の場合どうなるのかという参考にもなるはず。つまり、魚は編集部で捌いており、前半4魚種に比べて状態は良くない。

マダイは意外かもしれないが、中期から長期熟成にあまり向かない魚だ。2週間を超えて熟成に取り組む場合には注意が必要だが、今回は、ほぼ酵素熟成状態で2週間保持。腐敗は見られない状態でゴールした。

処理2日目

市場で処理、中1日を経て首都圏に到着。状態もよく、開封時にも臭いなし。イノシン酸の旨味という意味ではこの状態で食べても美味。切り身はみずみずしく張りがあった。腹まわりの脂にも劣化は見られない。

処理4日目

魚が死んでから最短5日、場合によっては6日前後と推測されるが、身の状態は良好。初日に保持していた水分は随分と抜けて、旨味も上昇している。ややテクスチャーは柔らかくなっている。臭みは一切ない。

処理8日目

処理2日、4日目は同じ魚。8日目は2尾目のサンプルとなる。4日目と比べて大きな変化はないように見えるが、脂身の劣化がやや気になる。劣化した部分はトリミングを加え処理する。開封時にやや臭みがあるが、水洗いでほぼその臭いは消える（表面の劣化）。旨味はより増している。身質は4日目と大きくは変わらなかった。

処理13日目

見た目は、8日目にくらべて、熟成が進んでいる。身質はかなり水分が抜けているが、極端な柔らかさではない。旨味はかなり増している。干物のような香りはするが腐敗臭ではない。ただ、ここからは処理を誤れば熟成を通り越し、腐敗につながる状態だった。

熟成魚の切り身サンプル

アカハタ

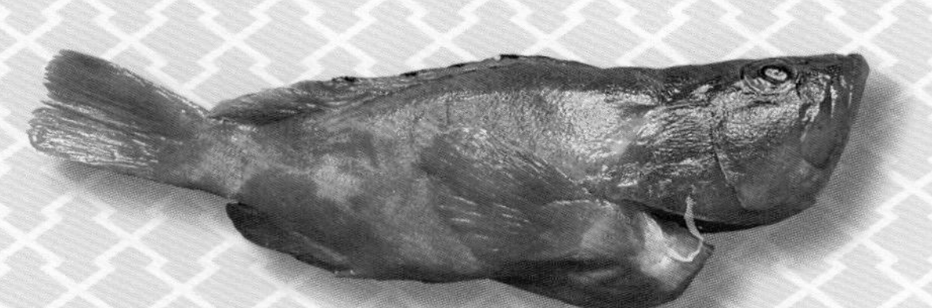

熟成させて旨味の増すハタ類

津本式が開発される以前から、寝かせることで旨味が増すと言われてきたハタ類。そういう意味では熟成に向いている魚種と言える。種類的に旬は夏場だが、ハタ類は卵を持っていても食味が落ちにくいと言われている魚でもある。

内臓類（肝臓や胃）も血抜きをして、湯通し保存しておけばソースなどにも利用でき、頭なども寝かせずに出汁スープ（P118参照）として処理すれば、さまざまな料理に活用できる、まさに捨てるところのない魚だ。

鮮度が良すぎると、コリコリ感が強く、旨味がしっかりとドリップしてくれないこともあるため、最低でも5日以上は寝かしたいところ。2週間を超える熟成にも十二分にも耐えてくれるが、サイズにもよるので注意してほしい。

処理2日目

撮影環境の関係でやや白飛びしているが、ほかの魚よりプルプルとして張りがあり、みずみずしく、 力がある状態だ。3~4日程度ではよほどの悪処理でなければ、びくともしない印象。味は若く、歯ごたえだけが良い。

処理4日目

水分は随分と抜けたが、身には張りがある。不快な臭いもなく、良好な保存状態。食味は、まだ旨味が強くは感じられない。まだ寝かせた方が良いと言える状態だった。

処理8日目

ようやく、身質もほどよい柔らかさになり、咀嚼すると旨味が強く感じられる状態に。熟成臭はするものの、不快な腐敗臭はない。ただ開封時には気になる臭いがするので、処理時にはしっかり酢で拭きたい。

処理13日目

やや赤みが増し、熟成が進んでいる。身質としては水分量が8日目に比べ少なくなり、柔らかさは増している。完全に遊離アミノ酸の影響を受けた香りがあった。これ以上は熟成術をしっかりと施す必要がある。

熟成魚の切り身サンプル

イワナガマス（淡水マス）

淡水のトラウト類も熟成は可能

イワナガマスは津本さんが手掛けているブランド名で、イワナとドナルドソンニジマスを掛け合わせた養殖トラウト。現在、こういったトラウト類の養殖は各地で行われている。今回は比較的大型の養殖マスをサンプルとしてピックアップした。

海水魚だけでなく、淡水魚も津本式の恩恵を受けることができ、熟成させることももちろん可能。トラウト類はヌメリが多く、それが鮮度保持に一役買うが、ヌメリが劣化すると細菌類が繁殖するので注意が必要。特に温度管理に気をつけよう。

処理２日目

海の鮭類を思わせるような色と身質。みずみずしく、血抜きされていることもあり臭いも皆無。ヌメリは強いが基本的にそれらは洗い流さず保存すること。

処理4日目

水分がやや抜けているが、まだ張りがあり鮮度状態は保たれている。水分が抜けたことで赤みは増しているが、状態は良い。もともと柔らかい身質なので、イノシン酸由来の旨味は感じられる。刺身でも美味しい。

処理8日目

体表のヌメリなどに臭みが発生し、細菌の繁殖の懸念が生まれ始めるタイミング。この先も酵素熟成を試みるなら、一度洗った方が良い。通常はこのタイミングくらいから乾燥熟成、塩蔵熟成に入る。旨味はかなり増している。

処理13日目

寝かせによる保存、酵素熟成の限界ではあるが、腐敗に伴うような臭いもない。ただ水分はかなり抜けている。本来ならば乾燥、塩蔵熟成を施しておいた方が良いタイミング。完全に遊離アミノ酸系の旨味が強くなっている状態だ。

熟成魚のレシピ

津本式で仕立てた魚や、熟成魚を使うと今までと違う料理になります。
まず、それだけで面白い。
そして、素材がどう変化したかを見極めて調理することで、
ぐんと美味しさが引き立つのです。
お刺し身だけでなく、津本式の良さは加熱することでより顕著になります。
今回は、簡単に作れる“熟成魚を活かすレシピ”をご紹介します。

今回のレシピ公開に協力してくださったのは、熟成法を公開していただいた白山洸さん（熟成鮨 万）と、都内で人気イタリアンレストランを営む最上翔さん（D'ORO）のお二人です。

白山さんは生の状態を生かしたレシピを3種ですが、うち2品は加熱をすることで食材の良さを引き出しています。

最上さんは、津本式のアラを使った出汁スープをベースにそれを生かした料理を紹介してくださっています。

どちらも、魚や熟成魚の特徴を掴んだ料理で、指定されている魚以外で応用できるものばかりです。

「火を入れることで、熟成魚の良さが引き立つ調理もあることを知っていただきたいですね。それに、津本式を行うことで魚のあらゆる場所がより美味しくいただける。余すところが魚は本当にないんです。出汁スープなんかはその典型のひとつ。命あるもの、無駄なく食べてあげたいですよね（最上）」

新しい食材を前に、試したいことは山程あるという二人。

二人以外にも、津本式による熟成魚のレシピに取り組んでいる料理人が増えています。

この度は、お二人によるその一端をご紹介いただきます。そして近い将来、可能性に溢れたさらなる熟成魚のレシピを、多くの料理人の皆様にご紹介いただきたいと考えています。

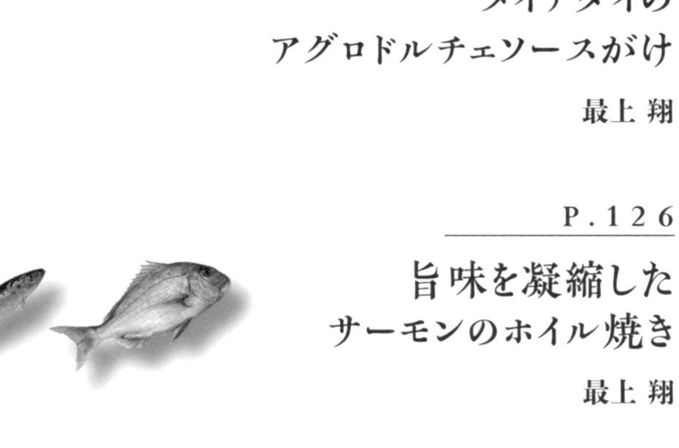

熟成アジのまかないまぜ鮨

アジだけでなく、初カツオ、イワシ、ヨコワなど
パンチの少なめ(熟成でも旨味が抜けた
タイミングなど)の魚と相性が良い。
ガッツリ食べるのではなくお酒のシメなどに合う一品。

[教えてくれる人]
熟成鮨 万　白山 洸

[材料]

熟成アジ	1尾
ネギ	少量
オオバ	少量
ミョウガ	少量
お酒	適量
醤油	適量
みりん	適量
コンブ	適量

[手順]

1 熟成アジを用意。旨味のピークから抜けてしまった熟成アジなどと相性が良い。

2 3枚にアジをおろす。

3 うす塩をふり、 10~13分置く。アジのサイズや状態、なにより好みで時間は調整。お酒のあてを意識して塩味を増やしたいときは時間を長く調整しよう。

4 塩をあてている時間を利用して、薬味を用意しよう。ふくねぎなどは手に入りにくいのでお好みで。ミョウガとオオバは忘れずに!

5 うす塩をあてた切り身を、水で洗い流して水気をとる。

6 適当なサイズにぶつ切りする。

7 みりんを加えた醤油と切り身を和える。醤油は出汁醤油や九州醤油などがオススメ。量はお好みで。

8 酢飯とアジ、 薬味(ミョウガ、 オオバ) を和える。ふくねぎ、 スプラウト類は、 ちらして飾り付け。白ごまはお好みで。
※白山さんは赤酢を使用

[完成]

熟成目安

10日前後

調理時間

20分

調理の要点

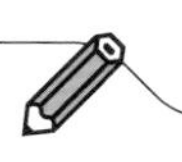

薬味はお好みで。決まりはないが、風味をのせるためにミョウガとオオバは最低限用意したいところ。味の濃さも、自身の基準で調整しよう。

熟成アジの漬け炙り

大衆魚として手に入りやすいアジ。
スーパーでも釣りでも。定番といえば、アジフライやなめろうだが、
レパートリーに加えたい簡単料理が漬け炙り。
熟成させた魚の炙りは絶品。
イワシやサワラなどアジ以外にも試せるのでオススメです。

［ 教えてくれる人 ］
熟成鮨 万 白山 洸

[材料]

熟成アジ	1尾
ネギ	少量
オオバ	少量
ショウガ	少量
お酒	適量
醤油	適量
みりん	適量
コンブ	適量

[手順]

1 アジを用意して、鱗、ぜいごをていねいに取り除く。

2 3枚に身をおろす。

3 うす塩をあてて､10分程度待つ。

4 あてた塩を水で洗い流して、キッチンペーパーで水気をしっかりととる。そして、小骨を処理する。

5 冷蔵庫で15分程度乾かし、水分を抜く。たれが染み込みやすくなる。またこれにより魚の味が出やすくなる。

6 お酒3、 醤油1、 みりん1の割合で混ぜ、昆布を入れる。白山さんは利尻昆布を使用。処理したアジを漬け込む（10分以内）。取り出して干すとさらに美味しく。やらなくてもOK。

7 皮に切れ目をいれる。

8 バーナで炙り、ぶつ切りにして、ネギ、オオバ、ショウガを叩いて薬味として添えれば完成。

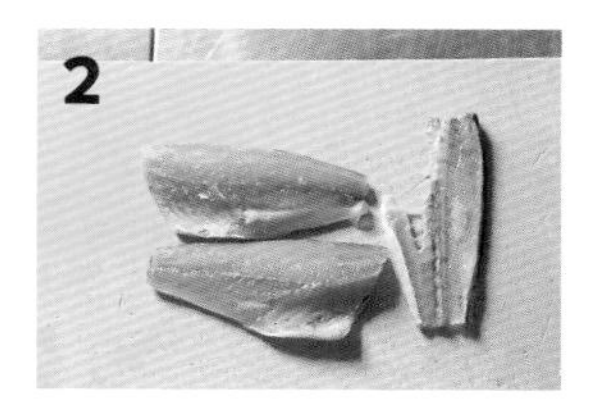

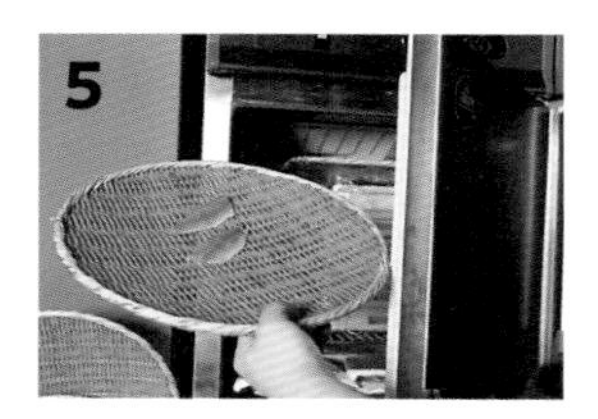

[完成]

熟成目安

5〜10日

調理時間

30分

調理の要点

たれに漬け込む時間に注意。
漬け込みすぎると、浸透圧によって
身が固くなってしまう。

白甘鯛のしゃぶしゃぶ

香り、食味のよい甘鯛をさっとしゃぶしゃぶ。
熱が入ることで、熟成魚の味わいは、
刺身などの生食とまた“色”が変わる。
簡単で大きな味の変化を楽しんでください。

[教えてくれる人]
熟成鮨 万　白山 洸

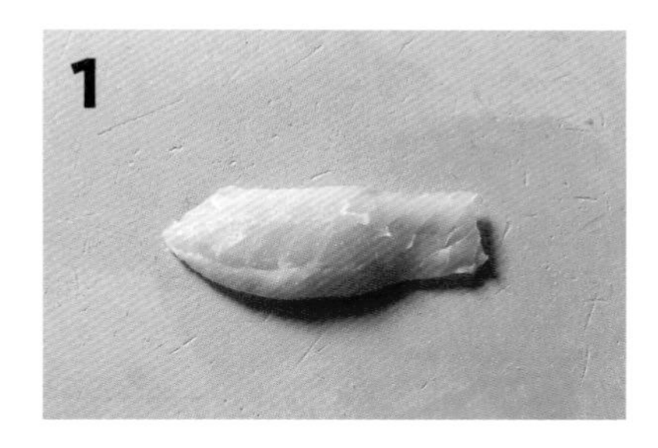

[材料]

白甘鯛 ……………………… 半身
大根 ………………………… 適量
ポン酢……………………… 適量
アラ出汁 …………………… 適量

[手順]

1 白甘鯛の半身を用意。刺身や鮨ネタ同様に、骨抜きなどの下処理を行っておく。白身の魚と相性の良い調理法。

2 食べやすいサイズにぶつ切りする。

3 津本式の処理時のアラを出汁にして用意、沸騰させる。アラの出汁は熟成させる前のもので取り、冷蔵保存しておくとよい。

4 出汁が沸騰したら火を止めて、用意した切り身を軽く湯通しする。器に盛り付け、大根おろしを添え、ポン酢をかければ完成。

[完成]

熟成目安

7〜10日

調理時間

10分

調理の要点 

・アラ出汁は、お味噌汁に入れたりと様々な料理に使えるので、用意しておくと便利。
・使用する魚は、甘鯛に限らない！色々試しましょう。

驚くほど臭みのない
魚の出汁スープ

津本氏の熟成魚の味を引き立てるものとして、重要な役割を担うのが
津本式処理を行なったあとのガラで取った出汁スープです。
どちらかといえば、熟成が進んだ魚のガラではなく、処理後すぐの
鮮度の良いものを使いますので、「熟成魚」のレシピではありませんが、
アクがなく透き通るような出汁が取れます。
上品な味わいであらゆる料理にマッチする魔法の調味料が完成します。

［ 教えてくれる人 ］
D'ORO 最上 翔

[材料]

魚のアラ ………………………… 1kg
玉ねぎ……………………… 1/4個
タイム ……………………………1g
ニンニク…………………… 1/2個
パセリ ……………………………1本
白コショウホール ………………2g
ローリエ …………………………1枚
塩 ……………………… ひとつまみ

[手順]

1 アラは目や脳などを取り除いておくとよい。津本式の処理をした後、早い段階で調理をしておきたい。

2 アラを鍋に入れて、水をアラ全体が浸るぐらい入れる。

3 火を入れて煮込む。ここで津本式処理をしていない魚のアラは黒いアクが出るが、写真のようにアク抜きが必要ないくらいの状態。黒いアクが出れば取り除こう。

4 タイム、ローリエ、パセリ、ニンニクなどの香草類を入れる。

5 玉ねぎを入れる。**4**の香草類はお好みだが、玉ねぎは必ず入れること。

6 軽く湯立つ程度の火加減で煮込んでいく。

7 30~40分煮込んだら火を止める。

8 出汁を、キッチンペーパーやネットなどで濾せば、黄金色のスープの完成。

9 保存を意識する場合、すぐにボールに水氷を入れて冷やす。雑菌が繁殖しやすい40℃台を長く続かせない。この後、キューブ型のアイストレーに入れて小分けで凍らせると、保存が利くとともに、調理の際の使い勝手もよい。

[完成]

熟成目安

0~3日

調理時間

40分

調理の要点

香草類はお好みで。
玉ねぎは旨みのために必ず入れること。

魚のサルミソースで
濃厚な風味が香る
クエのソテー

魚の内臓を使ったサルミソースは、津本式の血抜きにより
臭みがまったくなく、旨味が増した濃厚さ。
今回はクエを使っていますが、ハタ類などに応用できる料理。
ある意味、新鮮な内臓を手に入れられる
釣り人の特権料理かもしれません。

[教えてくれる人]
D'ORO 最上 翔

[材料]

クエ	一切れ	魚の出汁スープ	適量
クエの胃袋と肝	1本分	ケイパー	3粒
玉ねぎ	みじん切り1/6個	レモンの皮	適量
オリーブオイル	10cc	イタリアンパセリ	適量
ローリエ	1枚	白ワイン	適量
		アマランサス	適量

魚のサルミソース

[手順]

1 捌いた魚から胃袋と肝を取り出して、 ボイルして保存しておく。できれば鮮度の良いものを使いたい。胃袋は刻む。

2 オリーブオイル、玉ねぎ、ローリエを鍋に入れ炒め、白ワインを加え、 アルコールをとばす。その後、魚の出汁スープ（P118-119参照）を入れて煮詰める。

3 胃袋を鍋に入れて炒める。

4 煮詰まったらケイパー、 イタリアンパセリなどの香草類を入れて軽く炒めて、その後、レモンの皮と、肝を入れてつぶしながら炒めればソースの完成。

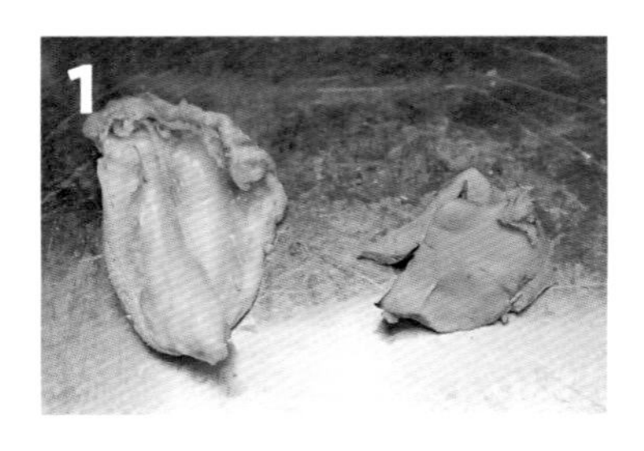

[完成] サルミソース

魚のサルミソースで
濃厚な風味が香るクエのソテー

クエに塩をあて、 皮目に粉(小麦粉、片栗粉など)を付けて焼く。

オリーブオイルを使い、 皮目から弱火でじっくり火を通す。

皮を焼いたら、 逆もしっかりと焼き目を入れる

さらに返して、皮に焦げ目をしっかりと付けて、カリっと仕上げる。熟成させた魚は、ふわふわカリカリになりやすい。

先ほど作ったサルミソースをのせる。

[完成]

熟成目安

10日前後

調理時間

20分

アマランサスなどを飾りに添え、おしゃれに盛り付けして完成。魚を余すことなく使った一品だ。

調理の要点

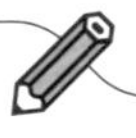

クエ以外にも、手に入りやすいアカハタ、オオモンハタ、キジハタなどとも相性が良い料理。なるべく鮮度の良い魚を手に入れて、内臓と一緒に血抜きを行おう！

メイチダイのアグロドルチェソースがけ

アグロドルチェとはイタリア語で「甘酸っぱい」を意味します。
味は「南蛮漬け」をイメージしていただくと分かりやすいでしょう。
メイチダイだけでなく、マダイ、フエフキダイ、イサキ、アジ……。
様々な魚に合うソースなので、応用が利きます。
魚の風味を引き立て、旨味で味が濃くなる熟成魚には、
このさっぱりとしたソースが非常にマッチします。

［ 教えてくれる人 ］
D'ORO 最上 翔

[材料]

メイチダイ……………………… 1切
玉ねぎ……………………… 1/4個
にんじん……………………… 1/4本
ニンニク……………………… 1片
オリーブオイル …………… 20cc
白コショウ………………… ひとふり
白ワイン ……………………… 50cc
お酢……………………… 20cc
小麦粉 ……………………… 適量
塩 ……………………… 適量
グラニュー糖 ……………… 適量
ローリエ ……………………… 1枚
レーズン……………………… 10粒

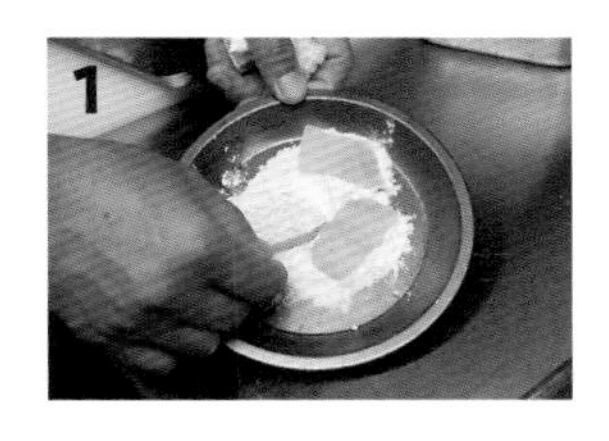

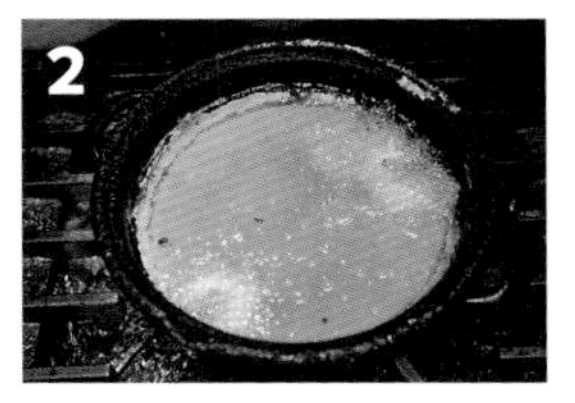

[手順]

1 メイチダイに塩と小麦粉を付ける。

2 180℃の油で揚げる。

3 軽く塩をふっておく。

4 鍋にオリーブオイル、ニンニクを入れて火にかけ、ニンニクに色が付きだしたら、玉ねぎ、にんじん、白コショウを入れ炒める。炒まったら白ワインを加え、アルコールをとばす。そしてレーズン、お酢、塩、グラニュー糖、ローリエを加えれば、アグロドルチェソースの完成。

5 揚げたメイチダイにアグロドルチェソースをかける。

6 クレソンなどがあれば飾り付けをして完成。

[完成]

熟成目安

5〜10日

調理時間

20分

調理の要点

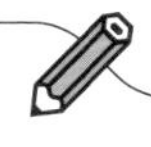

レーズンなどはお好みで。
素揚げにするより粉をつけることで、カリっと揚がる。

旨味を凝縮したサーモンのホイル焼き

北海道の生鮭はもちろんですが、津本式は養殖魚の独特の臭みなどもうまく除去してくれます。ですので、養殖のトラウトサーモンとして知られる、赤身のドナルドソンニジマス、西米良サーモン(イワナガマス)、富士の介、管理釣り場などで釣ってきたマスなどに応用が利きます。

[教えてくれる人]
D'ORO 最上 翔

[材料]

サーモン……………………………1切
しめじ ……………………1/2パック
エリンギ …………………1/2パック
オリーブ ………………………… 4粒
ケイパー ……………………… 適量
プチトマト …………………… 4〜5個
ローズマリー ………………… 1本
タイム ………………………… 1本
ローリエ ……………………… 1枚
魚の出汁スープ ……… 100cc
オリーブオイル …………… 20cc
白コショウ ………………… ひとふり

[手順]

1 サーモンの切り身に塩を振っておく。きのこ類、オリーブ、ケイパーをフライパンに入れる。

2 **1**にP118-119で作った魚の出汁スープを入れる。

3 軽く熱を通して炒める。

4 2重にしたアルミホイルの皿をつくり、そこに熱を加えたきのこ類を入れる。プチトマト、サーモンの切り身をここで合わせる。さらに香草類を入れ、オリーブオイルをかける。

5 写真のようにアルミホイルをくるむ。取っ手をつけておくと、盛り付けする際にも扱いやすく、見た目もかわいい。

6 175℃のオーブンに20分入れる。でき上がったら取り出してアルミホイルごと広げれば完成。

[完成]

熟成目安

5〜10日

30分

調理の要点

P118-119で作った出汁スープを入れることで旨味が増す。火を入れすぎると魚がパサつくので注意。加熱はグリルやトースターでも代用可能。

監修者紹介

本書は多くの方々のアドバイスにより編集されました。とくに、監修に携わっていただいた5名の方には多大なお力添えをいただきました。ご協力いただいた皆様が今後も津本式や魚食文化の発展に寄与されることは間違いありません。今後の更なる活躍に注目です。

津本光弘（つもとみつひろ）

株式会社 水流 ／ 有限会社 長谷川水産

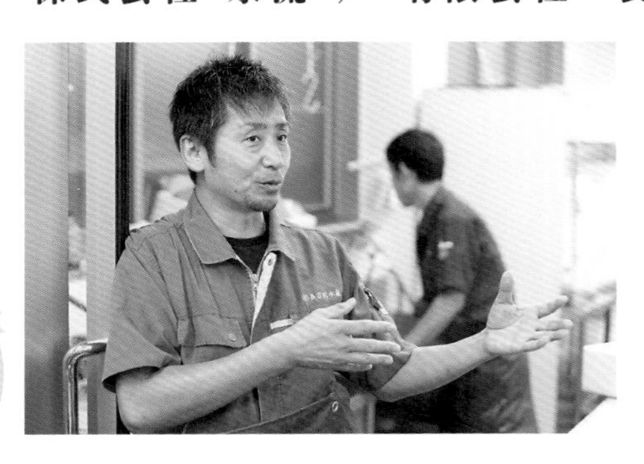

津本式・究極の血抜きを体系化し、その技術を惜しみなく公開することで、魚食の可能性を広げました。現在は宮崎県の有限会社長谷川水産で魚の仕立てを本業とする一方、津本式のさらなる進化を模索し、技術を発信し続けることで「魚の価値」を高める津本式を多くの人に伝えています。

津本さんのYOUTUBEチャンネルはこちら！ →

チャンネル登録者数は約18万人。動画投稿数は260を超え（2020年10月10日調べ）、津本式の情報を発信し続けています。

白山 洸（しらやまあきら）

熟成鮨 万（よろず）

東京・広尾で、熟成鮨の専門店を営む。2019年にはヨーロッパの権威あるグルメガイドの一つ星を獲得し、さらなる進化を目指して日々勉強を重ねる努力人。今回、熟成術の基礎技術を惜しみなく提供していただきました。「半年後にはより良い方法に変わっている可能性がありますから、それを知りたいときはお店に食べに来てください」とのことです。

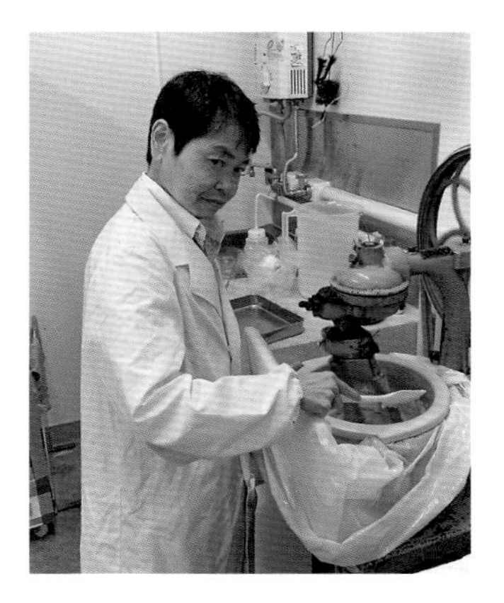

髙橋希元（たかはしきげん）

東京海洋大学

東京海洋大学の助教として熟成魚や津本式の研究をすすめる博士。津本式の持つ高い魚の保存力に注目し、その活用法を提唱しています。津本式のSDGs（持続可能な開発目標）への取り組みも視野に入れ、その可能性を追求しています。

保野 淳（やすのじゅん）

sushi bar にぎりて

東京・西新宿でカジュアルな寿司barとして人気の「にぎりて」ヘッドシェフ。津本式を早くから取り入れ、人気店に押し上げた功労者。津本光弘さんと頻繁に交流し、日々、研究を重ねて津本式や熟成魚の活用法を研究しています。その知見はまさに「津本式ヲタク」。幅広い料理の知識を踏まえ、料理人ならではの目線から、本書の編集にあたり多大なアドバイスをいただきました。

最上 翔（もがみしょう）

D'ORO（ドーロ）

渋谷区と目黒区に、創作イタリアンレストランを経営されています。とくに魚料理に関しては、強いこだわりを持つシェフです。津本式を実施する以前から質の良い魚を求めて釣りに出かけ、美味しい魚料理を研究し続けてきた「魚ヲタク」。津本式や津本光弘さんに出会い、その技術を活用しながら料理の幅をさらに拡げています。

【監修】
津本光弘（つもと みつひろ・株式会社 水流／有限会社 長谷川水産）
白山 洸（しらやま あきら・熟成鮨 万）
保野 淳（やすの じゅん・sushi bar にぎりて）
最上 翔（もがみ しょう・D'ORO(ドーロ)）
髙橋希元（たかはし きげん・東京海洋大学 学術研究院 食品生産科学部門 助教／博士〈海洋科学〉）

【スペシャルサンクス】
有限会社　長谷川水産
Facebook 津本式グループの皆様
伸東養魚有限会社
赤坂水産有限会社

黒木裕一(くろきゆういち・鮨と魚肴 ゆう心)
土屋景一(つちやけいいち・sushibar にぎりて)

深石雅寛(ふかいしまさひろ)

中村柚咲(なかむらゆうさ・東京海洋大学)
南 駿介(みなみしゅんすけ・東京海洋大学)
沖田歩樹(おきたあゆき・東京海洋大学)

【スタッフ】

編集・原稿	若林 輝(RIVER-WALK)／深谷 真
撮影	久保田憲 市川喜栄
イラスト	赤木あゆこ
デザイン・レイアウト	岡田 史
アート・ディレクション	岡田 史

魚食革命
津本式と熟成
【目利き／熟成法／レシピ】

発行日：2021年10月30日　第1刷
　　　　2022年12月26日　第3刷
編　集：ルアマガ事業局
発行者：清田名人
発行所：株式会社 内外出版社
　　　　〒110-8578 東京都台東区東上野2-1-11
電　話：03-5830-0368(販売部)
印刷・製本：株式会社シナノ
